D1703242

22 MINUTOS

22 MINUTOS

RECETAS RÁPIDAS Y FÁCILES PARA JÓVENES, SOLTEROS Y GENTE CON PRISA

Primera edición: mayo de 2007
Segunda impresión: junio de 2007
Tercera impresión: octubre de 2007
Cuarta impresión: noviembre de 2007
Quinta impresión: marzo de 2008
Sexta impresión: junio de 2008

La redacción y recopilación del material han sido realizadas por Sara Buelga para Canal Cocina.

Diseño de interior: Diego Carrillo

Este libro no podrá ser reproducido, ni total ni parcialmente,
sin el previo permiso escrito del editor. Todos los derechos reservados.

© Julio Bienert, 2007
© Canal Cocina, 2007
© MKM Fotografía y Vídeo, 2007, por las fotografías de interior
© Ediciones Temas de Hoy, S.A. (T.H.), 2007
Paseo de Recoletos, 4. 28001 Madrid
www.temasdehoy.es
ISBN: 978-84-8460-632-1
Depósito legal: M. 25.647-2008
Preimpresión: J.A. Diseño Editorial, S.L.
Impreso en Dédalo Offset, S.L.
Printed in Spain–Impreso en España

índice

introducción	9
índice de recetas por apartados	11
tapas variadas y entrantes	19
cremas, sopas y legumbres	33
verduras y ensaladas	79
pastas y arroces	125
huevos	143
pescados y mariscos	159
aves	209
carnes	231
postres	261
índice de menús recomendados	304
índice alfabético de recetas	310

introducción

Queridos amigos:

Antes que nada, debo reconocer algo: nací vago, crecí vago y me he convertido en dos metros de vagancia. Y no creáis que desvelo este vergonzoso defecto mío gratuitamente. No. Lo hago para demostrar que, si soy capaz de cocinar cada día, es porque no se trata de una dura tarea, más bien lo contrario. Lo juro.

Ahora, a mi favor, os cuento también que siempre he disfrutado comiendo. Tenía sólo cuatro años cuando, en un aperitivo, alguien me preguntó si quería unas patatitas o unos gusanitos y yo, muy resuelto, contesté: «no, *gambostinos*». ¡Vago pero listo!, ¿no? La verdad es que sigo buscando ese híbrido de gamba y langostino y, hasta que aparezca, me seguiré dando homenajes con ambos cada vez que pueda.

En fin, lo importante es que tuve clarísimo desde pequeñajo que, ya que había que comer por narices, lo mejor era convertir esa necesidad en un placer. Y esto es, precisamente, lo que me gustaría transmitiros. Cocinar puede ser fácil, rápido, entretenido y que además el resultado esté para morirse. Os aseguro que todas estas recetas se pueden hacer sin tener ni idea.

Este libro es para los que nunca han cogido una sartén, para los que lo han hecho y les ha gustado y, en definitiva, para todos los que disfrutan cocinando y comiendo, a pesar de la falta de tiempo.

Hay muchos platos que no se pueden preparar en 22 minutos pero hay tantos que sí... Ahí van unos cuantos, espero que los disfrutéis.

JULIUS

índice de recetas por apartados

tapas variadas y entrantes

Jalapeños rellenos de queso cheddar	20
Milhojas de foie con manzana	22
Patatas con mozzarella	24
Champi-choco con ajimoji	25
Brochetas de conejo con coles	26
Rollitos de primavera con gambas	28
Tortos de maíz con revuelto de queso La Peral	30

cremas, sopas y legumbres

Ajoblanco con uvas	34
Alubias rojas con nueces	36
Callos con garbanzos	38
Crema de berros con naranja	40
Crema de calabacín y queso	42
Crema de espárragos trigueros	44
Crema de guisantes	46
Sopa fría de melón con jamón	47
Crema de habitas con jamón y huevos crujientes	48
Crema de lentejas con chorizo y tostinos	50
Crema de pepino y yogur	52
Crema de remolacha	54
Crema de tomate al romero	56
Crema de zanahoria al oporto	58

índice de recetas por apartados

Crema de setas en hojaldre	60
Garbanzos con langostinos	62
Lentejas picantes con arroz basmati y pimienta rosa	64
Alubias blancas con berberechos	66
Sopa de ajo	68
Sopa de hierbabuena	69
Sopa de cebolla	70
Sopa de marisco «fin de mes»	72
Sopa minestrone	74
Vichyssoise	76

verduras y ensaladas

Coliflor gratinada con almendras	80
Ensalada de alubias blancas y bacalao ahumado	82
Ensalada de cigalas y trufa	84
Ensalada de gulas, jamón y piñones	86
Ensalada de canónigos con manzana y piñones	88
Endibias con bacalao ahumado	89
Ensalada de pasta	90
Ensalada de pulpo con espárragos trigueros y hongos	92
Ensalada de rabas de calamar con lima y mango	94
Ensalada de lentejas y pulpo	96
Ensalada tibia de confit de pato con vinagreta de frutos silvestres	98
Ensalada variada	100
Ensalada de escarola y setas	102

Ensalada de jamón de pato con vinagreta de chocolate 103
Ensaladilla rusa julius 104
Espinacas con bechamel y crujiente de parmesano 106
Pastel de hongos, calabacín y paté 108
Pencas rellenas con idiazábal 110
Pisto con verduras y calamar 112
Puerros con salsa romesco 114
Quiche de puerro 116
San jacobos de setas 118
Soja estofada 120
Tomates rellenos 122

pastas y arroces

Arroz de calamar y berberechos en olla rápida 126
Calzone de tofu 128
Canelones de chipirones con salsa de azafrán 130
Empanadillas de espinacas y ricota 132
Fideos con almejas 134
Hamburguesas de arroz con espinacas y tomate 136
Pasta negra con chipirones 138
Tallarines con anchoas 140

huevos

Huevo frito con boletus, morcilla y corazones de alcachofa 144
Puré de patata con pesto y huevo poché 146

índice de recetas por apartados

Huevos al horno con champiñón	148
Huevos estrellados con pimientos y jamón	150
Revuelto de morcilla con manzana	152
Tortilla de ajetes con bacalao	154
Tortilla julius	156

pescados y mariscos

Aguacate relleno de langostinos	160
Brochetas de rape adobado	162
Bacalao con habitas	164
Volován de gambas	165
Boquerones sorpresa	166
Cazuelita de berberechos y almejas	168
Cola de rape con langostinos	170
Dorada a la cerveza	172
Fritata de pasta y trucha a la navarra con salsa de vino blanco	174
Hamburguesas de atún con berenjena y salsa de yogur	176
Mero a la parrilla con puré de plátano	178
Jurel con salsa de grosellas	179
Lenguado a la naranja	180
Lenguado con salsa de carabineros	182
Lubina con vinagreta templada de cilantro y almejas	184
Merluza a la sidra con azafrán	186
Merluza con picada de frutos secos y mazorca de maíz	188
Merluza en salsa de setas	190
Navajas escabechadas con mirim	192

Sepionas encebolladas	193
Pimientos del piquillo rellenos de queso de tetilla con bacalao al falso pil-pil	194
Rodaballo a la mantequilla con berenjena cremosa	196
Rollitos de salmón ahumado	198
Salmón gratinado	200
Sashimi de salmón con ensalada de rúcula y nueces	202
Vieiras gratinadas	204
Vieiras y espárragos verdes con queso tronchón	206

aves

Fajitas de pollo con frijoles y salsa picante	210
Filetes de pavo con salsa de champiñones	212
Kebab de pollo	214
Lomitos de avestruz con puré de avellana y mermelada de arándanos	216
Magret de pato con frutos rojos	218
Pollo satay con arroz	220
Salteado cremoso de setas con delicias de pollo y arroz basmati	222
Confit de pato con salsa de melocotón	224
Salteado de pavo con mango	225
Stroganoff de pavo	226
Wok de pollo con almendras y bambú	228

carnes

Albóndigas con sepia	232
Albóndigas de ternera con salsa de curry	234

índice de recetas por apartados

Presa ibérica con chimichurri ... 236
Chuleta de ternera con salsa de pimienta verde y soufflé de queso azul ... 238
Cuscús con verduras y cordero ... 240
Solomillo de cerdo con salsa de queso azul y patatas paja ... 242
Brochetas de cordero ... 244
Escalopines pizzaiolo ... 245
Guiso de ternera con higos ... 246
Manitas de cerdo con hongos ... 248
Pastel de carne ... 250
Salchichas al vino con puré trufado ... 252
Solomillo de cerdo en hojaldre y salsa de orejones ... 254
Solomillo hojaldrado de novillo con ciruelas y foie ... 256
Steak tartar ... 258

postres

Copa de requesón con higos y lima ... 262
Crema de mandarina al té verde ... 264
Brochetas de mandarina a los 2 chocolates ... 266
Compota caliente de mango ... 267
Crepes suzette ... 268
Gelatina de cava con frutas ... 270
Gratén de peras ... 272
Gratinado de avellanas ... 274
Helado de nuez con rejilla de chocolate ... 276
Espuma de plátano ... 278
Melocotones rellenos de cuajada ... 279

22 MINUTOS

Membrillo rebozado en frutos secos con crema de idiazábal	280
Mousse de manzana verde	282
Mousse de castañas	284
Mousse de turrón	285
Mousse de yogur en hojaldre	286
Rocas de chocolate con crema inglesa	288
Sándwich de bizcocho con crema de limón y kiwi	290
Sopa de chocolate blanco con bastones de hojaldre y cristal de caramelo	292
Sopa templada de fruta de la pasión con bolitas de melón	294
Sopa templada de frutos rojos con helado de vainilla	296
Mousse de yogur con limón	298
Sorbete de frambuesa con cítricos	299
Tempura de pera y physalis con salsa de chocolate	300
Torrijas de vainilla con salsa de frambuesa	302

22 MINUTOS

TAPAS VARIADAS Y ENTRANTES

tapas variadas y entrantes

Jalapeños rellenos de queso cheddar

- 1 BOTE DE JALAPEÑOS ENTEROS EN CONSERVA
- 150 G DE QUESO CHEDDAR
- HARINA
- 1 HUEVO
- PAN RALLADO
- 1 LIMÓN
- UNAS GOTAS DE TABASCO
- 1/2 VASO DE NATA LÍQUIDA

Elaboración

Escurre bien los jalapeños.

Corta el queso cheddar en bastoncitos, a la medida de los jalapeños.

Introduce los bastones de queso dentro de los jalapeños.

Empánalos con harina, huevo y pan rallado.

Fríelos en aceite bien caliente y reserva sobre papel de cocina, para retirar el exceso de aceite.

Mezcla bien la nata líquida con un poco de tabasco y unas gotas de limón.

Sirve los jalapeños con una cama de salsa; y listo.

22 MINUTOS

tapas variadas y entrantes

Milhojas de foie con manzana

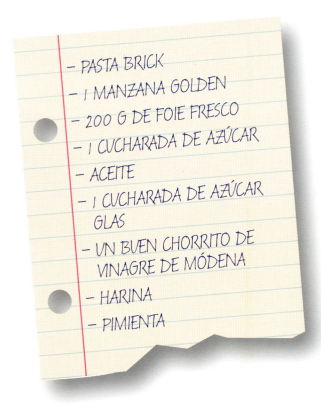

- PASTA BRICK
- 1 MANZANA GOLDEN
- 200 G DE FOIE FRESCO
- 1 CUCHARADA DE AZÚCAR
- ACEITE
- 1 CUCHARADA DE AZÚCAR GLAS
- UN BUEN CHORRITO DE VINAGRE DE MÓDENA
- HARINA
- PIMIENTA

Elaboración

Prepara la pasta brick. Separa dos láminas y corta cada una en dos mitades.

Corta la manzana en medallones de medio centímetro de grosor. Necesitarás 3 medallones.

Envuelve cada medallón de manzana en media lámina de pasta brick haciendo una especie de paquetito y mójate los dedos con un poco de agua para poder pegar los bordes.

Haz una mezcla de harina, azúcar glas y pimienta. Enharina el foie cortado en rodajitas pequeñas y hazlo a la plancha, vuelta y vuelta. Sácalo de la sartén y dale un golpe de calor de 20 segundos en el microondas.

Prepara una reducción de vinagre de Módena, poniéndolo en un cazo a fuego medio con una cucharadita de azúcar. Deja que reduzca.

Monta las milhojas alternando los paquetes de manzana con las rodajitas de foie y dibuja unas líneas por encima con la reducción de Módena.

Sírvelo templado.

tapas variadas y entrantes

Patatas con mozzarella

- 2 PATATAS
- 1 LATA DE TOMATE ENTERO PELADO
- 1 BOLA DE MOZZARELLA FRESCA (TAMBIÉN SIRVE EN LONCHAS O RALLADA)
- SAL
- PIMIENTA

Elaboración

Pela las patatas, córtalas en rodajas y fríelas en una sartén con aceite bien caliente, sin que se hagan del todo. Sazona y reserva.

En una fuente de horno, coloca los trozos de tomate en el fondo y, encima, las patatas.

Reparte la mozzarella sobre las patatas y gratina unos minutos en el horno a máxima potencia. Sirve rápidamente.

22 MINUTOS

Champi-choco con ajimoji

- 1 BANDEJA DE CHAMPIÑONES
- 1 SEPIA LIMPIA
- 2 DIENTES DE AJO
- 2 ANCHOAS
- PEREJIL
- ACEITE
- SAL
- PIMIENTA
- PEREJIL FRESCO

Elaboración

Haz un ajimoji con aceite, ajo y perejil. Tritura con la batidora.

Pica los champiñones en láminas y la sepia en cuadraditos.

En una sartén, saltea la sepia a fuego fuerte con parte del ajimoji. Da unas vueltas y añade los champiñones. Saltea hasta que estén bien hechos y muy doraditos. Salpimenta.

Sirve bien caliente y salsea con un poco más de ajimoji por encima.

tapas variadas y entrantes

Brochetas de conejo con coles

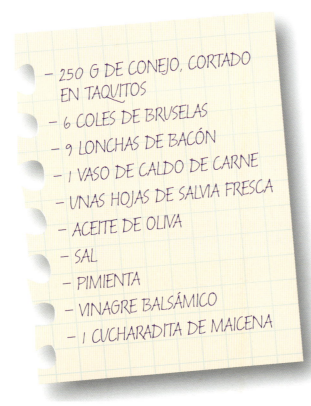

- 250 G DE CONEJO, CORTADO EN TAQUITOS
- 6 COLES DE BRUSELAS
- 9 LONCHAS DE BACÓN
- 1 VASO DE CALDO DE CARNE
- UNAS HOJAS DE SALVIA FRESCA
- ACEITE DE OLIVA
- SAL
- PIMIENTA
- VINAGRE BALSÁMICO
- 1 CUCHARADITA DE MAICENA

Elaboración

Cuece las coles durante 5 minutos en la olla exprés, con agua y sal.

Salpimenta los trozos de conejo y envuélvelos, primero, con una hoja de salvia y, luego, con una loncha de bacón.

Abre la olla y escurre bien las coles.

Inserta las coles y los trozos de conejo envueltos en palos de brocheta, de forma alterna.

Fríelas en una sartén, dándoles la vuelta con cuidado. Reserva en un plato.

En esa misma sartén, mezcla el jugo que han soltado las brochetas con un poco de vinagre balsámico y un poco de caldo de carne. Incorpora la cucharadita de maicena y liga la salsa.

Salsea las brochetas, y listo.

tapas variadas y entrantes

Rollitos de primavera con gambas

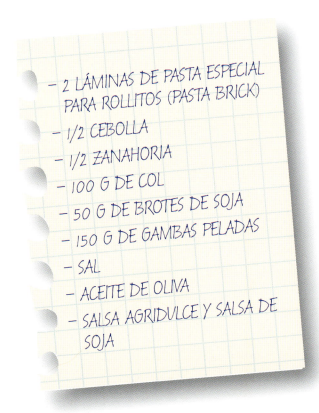

- 2 LÁMINAS DE PASTA ESPECIAL PARA ROLLITOS (PASTA BRICK)
- 1/2 CEBOLLA
- 1/2 ZANAHORIA
- 100 G DE COL
- 50 G DE BROTES DE SOJA
- 150 G DE GAMBAS PELADAS
- SAL
- ACEITE DE OLIVA
- SALSA AGRIDULCE Y SALSA DE SOJA

Elaboración

Pica en juliana la cebolla, la zanahoria y la col.

Saltea las verduras en una sartén con una cucharada de aceite. Añade los brotes de soja y salpimenta.

Incorpora las gambas a la sartén con las verduras.

Dobla cada lámina de pasta por la mitad para que la capa sea doble; rellénalas con el salteado y ciérralas en forma de rollito, mojándote los dedos con un poco de agua.

Fríe los rollitos en aceite muy caliente, hasta que estén dorados. Reserva sobre papel de cocina, para retirar el exceso de aceite.

Sirve los rollitos acompañados de salsa de soja y salsa agridulce.

22 MINUTOS

tapas variadas y entrantes

Tortos de maíz con revuelto de queso La Peral

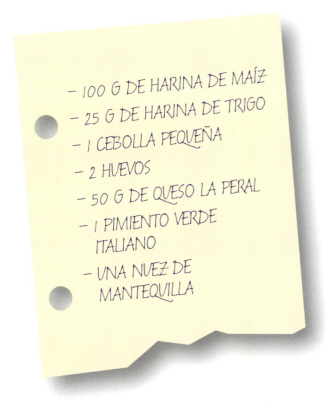

- 100 G DE HARINA DE MAÍZ
- 25 G DE HARINA DE TRIGO
- 1 CEBOLLA PEQUEÑA
- 2 HUEVOS
- 50 G DE QUESO LA PERAL
- 1 PIMIENTO VERDE ITALIANO
- UNA NUEZ DE MANTEQUILLA

Elaboración

Corta la cebolla en juliana y póchala en una sartén, con un poco de mantequilla, a fuego muy suave y removiendo con regularidad, para que no se queme.

Haz la masa de los tortos, mezclando las harinas de maíz y trigo con un poco de agua caliente y sal. Amasa con fuerza hasta conseguir una pasta consistente.

Forma una bola con la masa y divídela en dos. Aplástalas y dales forma de tortita.

Fríe los tortos en abundante aceite caliente, hasta que adquieran una tonalidad tostada. Resérvalos sobre un papel de cocina, para retirar el exceso de aceite.

Pon dos cucharadas de aceite de oliva en una sartén y saltea el pimiento picado en trozos muy pequeños (brunoise). A continuación, introduce la cebolla pochada, el queso y los dos huevos enteros. Remueve bien la mezcla para romper los huevos.

Cocina a fuego moderado hasta que cuajen los huevos.
Coloca el revuelto encima de los tortos; y listo.

22 MINUTOS

22 MINUTOS

CREMAS, SOPAS Y LEGUMBRES

cremas, sopas y legumbres

Ajoblanco con uvas

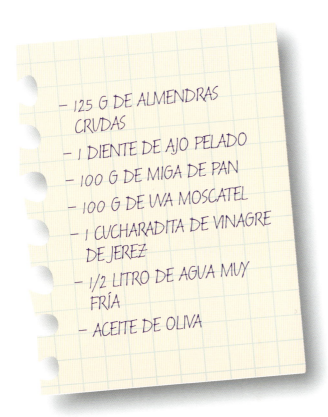

- 125 G DE ALMENDRAS CRUDAS
- 1 DIENTE DE AJO PELADO
- 100 G DE MIGA DE PAN
- 100 G DE UVA MOSCATEL
- 1 CUCHARADITA DE VINAGRE DE JEREZ
- 1/2 LITRO DE AGUA MUY FRÍA
- ACEITE DE OLIVA

Elaboración

En el vaso de la batidora, tritura las almendras, los ajos, la miga de pan y la sal. Trabaja la mezcla, añadiéndole poco a poco el aceite hasta conseguir una emulsión espesa.

Agrega el vinagre y sigue trabajando un poco más. Por último, añade el agua fría.
Déjalo enfriar en el frigorífico.

Cuando llegue el momento de servir, pruébalo y rectifica, si es necesario, de sal y vinagre.

Añade las uvas (despepitadas o no, cada uno a su gusto) y tómalo muy frío.

22 MINUTOS

cremas, sopas y legumbres

Alubias rojas con nueces

- 1 BOTE PEQUEÑO DE ALUBIAS ROJAS EN CONSERVA
- 1/2 CEBOLLA
- 50 G DE NUECES PELADAS
- PEREJIL, CILANTRO Y TOMILLO SECO
- 1 DIENTE DE AJO
- CANELA EN POLVO
- 1/2 LITRO DE CALDO DE VERDURAS
- ACEITE DE OLIVA
- SAL

Elaboración

Pica la cebolla muy menuda y sofríela en una cazuela, con aceite a temperatura media.

Pica las nueces, las hierbas, las especias y el ajo con un poco de sal. Hay que conseguir una pasta.

Incorpora esta pasta a la cazuela y añade también las alubias rojas bien escurridas.

Cúbrelas con un poco de caldo de verduras y añade una pizca de canela. Dales un hervor, hasta que se mezclen todos los ingredientes, y déjalas unos minutos más a fuego lento.

cremas, sopas y legumbres

Callos con garbanzos

- 1 BOTE PEQUEÑO DE GARBANZOS EN CONSERVA
- 1 LATA DE CALLOS
- 1 DIENTE DE AJO
- PULPA DE PIMIENTO CHORICERO (ZUBIA)
- 1/2 CEBOLLA
- ACEITE DE OLIVA
- 2 CUCHARADAS DE SALSA DE TOMATE
- 1 HOJA DE LAUREL
- 1 CHORIZO PICANTE
- 1 PUERRO

Elaboración

Lava los garbanzos y escúrrelos bien.

Pica el puerro, la cebolla y el ajo.

Sofríe todo en una cazuela con un poco de aceite. Sazona.

Incorpora dos cucharadas de salsa de tomate, la pulpa de pimiento choricero, un chorrito de agua y la hoja de laurel.

Corta el chorizo en rodajitas y échalo al sofrito.

Cocina unos minutos más y añade los garbanzos y los callos. Da unas vueltas y déjalo unos minutos más a fuego medio.

Sirve muy caliente.

22 MINUTOS

cremas, sopas y legumbres

Crema de berros con naranja

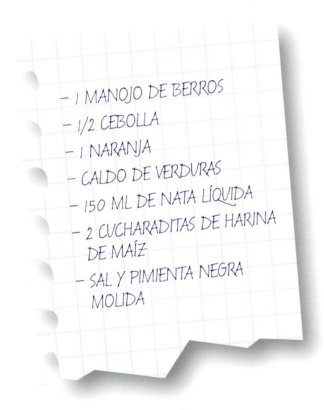

- 1 MANOJO DE BERROS
- 1/2 CEBOLLA
- 1 NARANJA
- CALDO DE VERDURAS
- 150 ML DE NATA LÍQUIDA
- 2 CUCHARADITAS DE HARINA DE MAÍZ
- SAL Y PIMIENTA NEGRA MOLIDA

Elaboración

Quita los tallos más gordos de los berros y las hojas que estén feas.

Sofríe la cebolla picada en la olla exprés con un poco de aceite. Cuando empiece a coger color, añade los berros.

Ralla un poco de la piel de la naranja y exprime el zumo (puedes reservar un par de gajos para decorar). Añade todo a la olla y cubre con el caldo de verduras. Cierra la olla y deja cocer durante 5-6 minutos.

Abre la olla y tritura bien la crema con la batidora. A continuación, pásala por el chino, para conseguir una textura fina.

Disuelve las dos cucharaditas de maicena en la nata líquida, mézclalo todo bien y déjalo unos minutos más a fuego suave.

Sirve la crema muy caliente, con los gajos de naranja como decoración.

cremas, sopas y legumbres

Crema de calabacín y queso

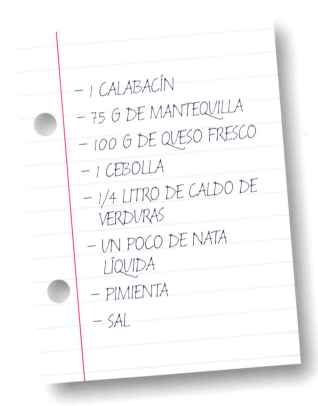

- 1 CALABACÍN
- 75 G DE MANTEQUILLA
- 100 G DE QUESO FRESCO
- 1 CEBOLLA
- 1/4 LITRO DE CALDO DE VERDURAS
- UN POCO DE NATA LÍQUIDA
- PIMIENTA
- SAL

Elaboración

Limpia el calabacín y córtalo en rodajas. Corta en medios aros la cebolla.

En la olla exprés, pon la mantequilla con unas gotas de aceite y, cuando esté bien caliente, rehoga bien la cebolla.

Una vez que la cebolla esté dorada, añade el calabacín, el queso fresco, la sal y la pimienta. Cubre con el caldo de verduras y cierra la olla. Deja cocer durante 8 minutos.

Abre la olla, tritura la crema y pásala por el chino.

Añade la nata líquida, rectifica de sal y deja unos minutos más a fuego suave.

cremas, sopas y legumbres

Crema de espárragos trigueros

- UN MANOJO DE ESPÁRRAGOS TRIGUEROS
- UN CHORRITO DE NATA LÍQUIDA
- ACEITE DE OLIVA
- SAL
- PIMIENTA
- 1/2 LITRO DE CALDO DE VERDURAS

Elaboración

Corta unas hebras finitas de los tallos de los espárragos y resérvalos. Reserva también unas puntas.

Rehoga los espárragos troceados en la olla exprés, con un poco de aceite y sal.

Cubre con el caldo y cierra la olla durante unos 7 minutos.

Abre la olla, tritura la crema y pásala por el chino. Añade la nata líquida y rectifica de sal, si es necesario.

Fríe en una sartén con aceite las hebras y las puntas (abiertas por la mitad) reservadas.

Sirve la crema de espárragos con las puntas y las hebras fritas.

22 MINUTOS

cremas, sopas y legumbres

Crema de guisantes

- 1 BOTE DE 1/2 KG DE GUISANTES
- 1 PUERRO
- 1 ZANAHORIA
- 1/2 LITRO DE CALDO DE VERDURAS
- ACEITE DE OLIVA
- SAL
- PIMIENTA
- UNAS HOJAS DE MENTA

Elaboración

Lava el puerro y córtalo en rodajas. Pela la zanahoria y trocéala. En la olla, con aceite, rehoga el puerro.

Añade los guisantes y salpimenta. Incorpora la zanahoria, cubre con el caldo y cierra la olla durante 7-8 minutos.

Abre la olla y tritura la crema. Pásala por el chino.

Sirve la crema muy caliente, con un poco de menta picada por encima.

22 MINUTOS

Sopa fría de melón con jamón

- 1/2 MELÓN
- 100 G DE JAMÓN SERRANO CORTADO EN LASCAS
- 200 ML DE NATA LÍQUIDA
- UNA RAMITA DE ROMERO
- SAL

Elaboración

Saca toda la carne del melón, trocéala y ponla en el vaso de la batidora.

Tritura la carne del melón con la nata líquida y una pizca de sal en la batidora y déjalo enfriar en el frigorífico.

Sirve la sopa con el jamón, unas líneas de nata líquida y una ramita de romero.

cremas, sopas y legumbres

Crema de habitas con jamón y huevos crujientes

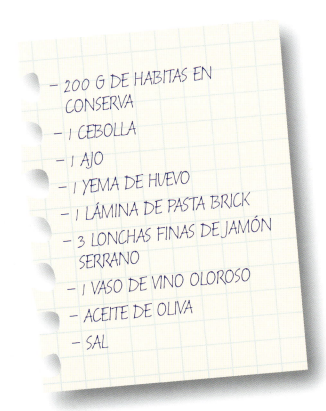

- 200 G DE HABITAS EN CONSERVA
- 1 CEBOLLA
- 1 AJO
- 1 YEMA DE HUEVO
- 1 LÁMINA DE PASTA BRICK
- 3 LONCHAS FINAS DE JAMÓN SERRANO
- 1 VASO DE VINO OLOROSO
- ACEITE DE OLIVA
- SAL

Elaboración

Pica la cebolla y el ajo, y póchalos en una sartén con aceite a fuego suave.

Añade las habitas bien escurridas y el vino. Deja reducir y tritura. Pásalo por el chino, para que la textura sea lo más fina posible.

Envuelve la yema de huevo salpimentada en pasta brick, haciendo una especie de saquito, y fríe rápidamente en aceite muy caliente, hasta que esté dorado.

Corta el jamón en tiritas y pásalo por la sartén.

Sirve la crema de habitas con la yema crujiente en el centro y el jamón frito alrededor.

22 MINUTOS

cremas, sopas y legumbres

Crema de lentejas con chorizo y tostinos

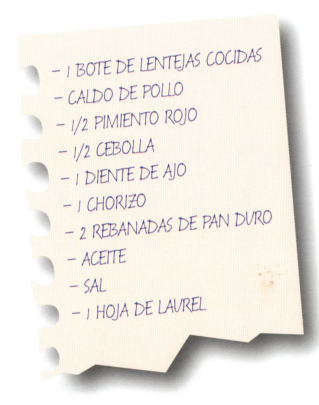

- 1 BOTE DE LENTEJAS COCIDAS
- CALDO DE POLLO
- 1/2 PIMIENTO ROJO
- 1/2 CEBOLLA
- 1 DIENTE DE AJO
- 1 CHORIZO
- 2 REBANADAS DE PAN DURO
- ACEITE
- SAL
- 1 HOJA DE LAUREL

Elaboración

En una cazuela, sofríe la cebolla con el pimiento y el ajo picados.

Cuando esté todo bien dorado, añade una cucharada de pimentón dulce y rehoga bien.

Incorpora el laurel y las lentejas escurridas. Cubre con el caldo.

Cocina a fuego fuerte unos 10 minutos.

Corta el chorizo en trocitos y métalo en el microondas 1 minuto. Reserva.

Corta un poco de pan del día anterior en cuadraditos pequeños y fríe en aceite bien caliente. Coloca sobre papel de cocina, para retirar el exceso de aceite.

Tritura las lentejas y cuela con el chino. Añade un poco de la grasa que ha soltado el chorizo a la crema y déjala unos minutos más a fuego lento.

Sirve la crema con los trocitos de chorizo y los tostinos de pan por encima.

22 MINUTOS

cremas, sopas y legumbres

Crema de pepino y yogur

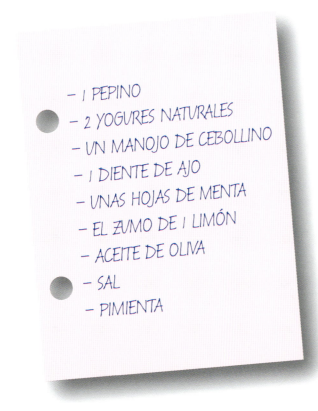

- 1 PEPINO
- 2 YOGURES NATURALES
- UN MANOJO DE CEBOLLINO
- 1 DIENTE DE AJO
- UNAS HOJAS DE MENTA
- EL ZUMO DE 1 LIMÓN
- ACEITE DE OLIVA
- SAL
- PIMIENTA

Elaboración

Pela el pepino y córtalo por la mitad. Retira las semillas con ayuda de una cuchara. Trocéalo en dados.

Pica el ajo y las hojas de menta.

Pon los dados de pepino en un recipiente. Añade aceite de oliva, el ajo, la menta y el zumo de limón. Salpimenta.

Añade el yogur y tritura con la batidora. Si queda muy denso, puedes añadir un poco de agua.

Decora con el cebollino picado y una hojita de menta.

22 MINUTOS

cremas, sopas y legumbres

Crema de remolacha

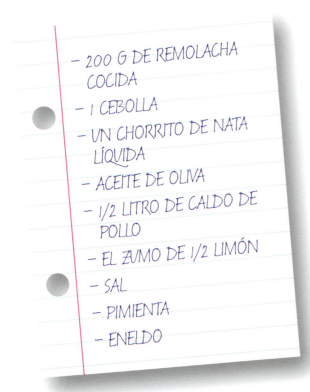

- 200 G DE REMOLACHA COCIDA
- 1 CEBOLLA
- UN CHORRITO DE NATA LÍQUIDA
- ACEITE DE OLIVA
- 1/2 LITRO DE CALDO DE POLLO
- EL ZUMO DE 1/2 LIMÓN
- SAL
- PIMIENTA
- ENELDO

Elaboración

Pica la cebolla y la remolacha.

Rehoga la cebolla en la olla exprés con aceite. Salpimenta.

Incorpora la remolacha, el zumo de limón y cubre con el caldo.

Cierra la olla y cuece durante unos 6 minutos.

Abre la olla, rectifica de sal y tritura. Pasa la crema por el chino, para conseguir una textura lo más fina posible.

Sirve la crema muy caliente en un cuenco. Decora con unos hilitos de nata líquida y eneldo picado.

22 MINUTOS

cremas, sopas y legumbres

Crema de tomate al romero

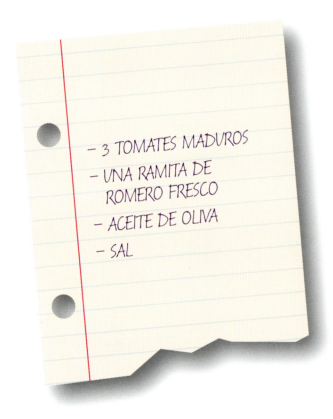

- 3 TOMATES MADUROS
- UNA RAMITA DE ROMERO FRESCO
- ACEITE DE OLIVA
- SAL

Elaboración

Lava los tomates y córtalos en trozos.

Pon un cazo en el fuego y echa los tomates con el romero. Sazona.

Espera a que se calienten bien, sin que lleguen a cocerse.

Retira la rama de romero y pasa los tomates al vaso de la batidora. Tritúralos bien y pasa la crema por el chino. Bate la crema con un chorrito de aceite de oliva crudo.

Pon en un cuenco o plato sopero y adorna con una ramita de romero.

22 MINUTOS

cremas, sopas y legumbres

Crema de zanahoria al oporto

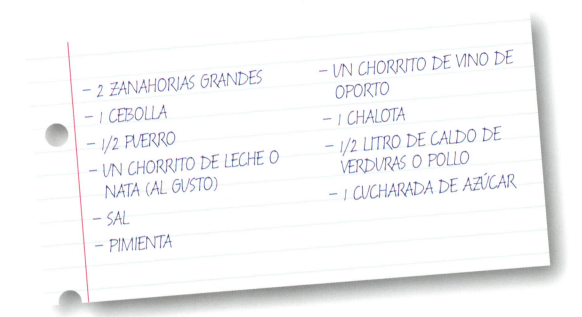

- 2 ZANAHORIAS GRANDES
- 1 CEBOLLA
- 1/2 PUERRO
- UN CHORRITO DE LECHE O NATA (AL GUSTO)
- SAL
- PIMIENTA
- UN CHORRITO DE VINO DE OPORTO
- 1 CHALOTA
- 1/2 LITRO DE CALDO DE VERDURAS O POLLO
- 1 CUCHARADA DE AZÚCAR

Elaboración

Pela y trocea las zanahorias, la cebolla y el puerro.

Haz un sofrito en la olla exprés con toda la verdura y un poco de aceite.

A continuación, cubre con caldo y salpimenta. Cierra la olla y cuece durante 7-8 minutos.

Haz una reducción de oporto, poniéndolo en un cazo con una chalota picada en trocitos. Cuando la chalota esté blanda, añade el azúcar. Tienes que dejarlo unos minutos a fuego suave, hasta que caramelice.

Abre la olla, tritura la crema y pásala por el chino. Añade un chorrito de leche o de nata (al gusto).

Sirve la crema bien caliente y decora con unas líneas de reducción de oporto.

cremas, sopas y legumbres

Crema de setas en hojaldre

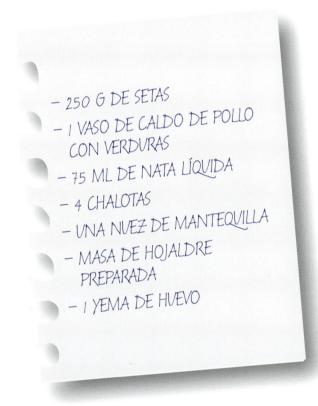

- 250 G DE SETAS
- 1 VASO DE CALDO DE POLLO CON VERDURAS
- 75 ML DE NATA LÍQUIDA
- 4 CHALOTAS
- UNA NUEZ DE MANTEQUILLA
- MASA DE HOJALDRE PREPARADA
- 1 YEMA DE HUEVO

Elaboración

Prepara las setas, limpiándolas muy bien y picándolas.

En una sartén, pones a confitar (a fuego lento) la chalota muy picada con la mantequilla; antes de que tome color, añade las setas y déjalas hasta que suelten toda el agua.

Agrega el caldo y, cuando reduzca a la mitad, echa la nata líquida.

Tritura la crema y ponla en un cuenco resistente al horno. Cubre la superficie del cuenco con hojaldre, haciendo una tapa, y píntala con yema de huevo. Hornea unos minutos a 180 °C, hasta que el hojaldre esté dorado.

Sirve tal cual, de manera que haya que romper el hojaldre para llegar a la crema.

cremas, sopas y legumbres

Garbanzos con langostinos

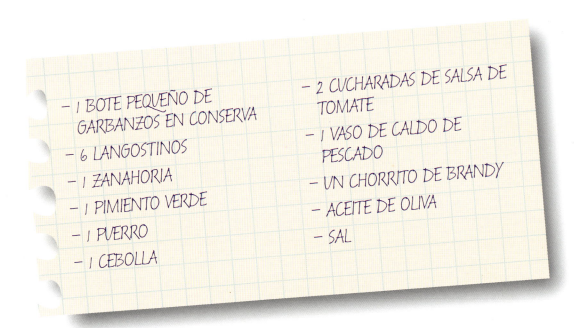

- 1 BOTE PEQUEÑO DE GARBANZOS EN CONSERVA
- 6 LANGOSTINOS
- 1 ZANAHORIA
- 1 PIMIENTO VERDE
- 1 PUERRO
- 1 CEBOLLA
- 2 CUCHARADAS DE SALSA DE TOMATE
- 1 VASO DE CALDO DE PESCADO
- UN CHORRITO DE BRANDY
- ACEITE DE OLIVA
- SAL

Elaboración

Lava bien los garbanzos con agua y escúrrelos.

Pela los langostinos y reserva, por un lado, las colas y, por otro, las cabezas y los cuerpos.

Pica finamente el pimiento verde, el puerro, la cebolla y la zanahoria.

En una sartén con aceite, saltea el pimiento y la mitad de la cebolla. Agrega las colas de los langostinos. Sazona.

Incorpora los garbanzos y reserva fuera del fuego.

En otra sartén, pocha el puerro, la zanahoria y la otra mitad de la cebolla.

Añade las cabezas y los cuerpos de los langostinos. Flambea con el brandy.

Echa la salsa de tomate, un poco de caldo y deja que hierva unos minutos.

Tritura esta salsa y pásala por el chino.

Echa la salsa sobre los garbanzos, añade un poco de pimentón, cocina a fuego lento unos minutos más, y listo.

22 MINUTOS

cremas, sopas y legumbres

Lentejas picantes con arroz basmati y pimienta rosa

- 1 BOTE PEQUEÑO DE LENTEJAS EN CONSERVA
- 2 DIENTES DE AJO
- 1/2 CEBOLLA
- 2 CUCHARADAS SOPERAS DE TOMATE FRITO ESTILO CASERO
- 2 CUCHARADITAS DE SEMILLAS DE COMINO
- 100 G DE ARROZ BASMATI
- ACEITE DE OLIVA
- PIMIENTA ROSA Y NEGRA
- SAL
- GUINDILLA CAYENA
- 1 BOLSA DE ESPINACAS FRESCAS

Elaboración

Pon a cocer el arroz en un cazo, siguiendo las indicaciones del fabricante, con un chorrito de aceite y sal.

Dora la cebolla y el ajo en la olla exprés, con un poco de aceite.

Incorpora a la olla el tomate frito, las semillas de comino, la guindilla cayena y las pimientas.

Añade las lentejas bien escurridas y un chorrito de caldo de verduras.

Cierra la olla y deja cocer durante 6 minutos.

Escurre bien el arroz y refréscalo con agua fría. Reserva.

Abre la olla y añade el arroz basmati a las lentejas. Mézclalo todo bien.

Sirve las lentejas con arroz, sobre una cama de espinacas frescas.

22 MINUTOS

cremas, sopas y legumbres

Alubias blancas con berberechos

- 1 BOTE DE ALUBIAS BLANCAS COCIDAS EN CONSERVA
- 250 G DE BERBERECHOS
- 1/2 CEBOLLA
- 2 DIENTES DE AJO
- 1 GUINDILLA CAYENA
- PEREJIL
- 1 CUCHARADA DE HARINA
- UN CHORRITO DE VINO BLANCO
- 1 VASO DE CALDO DE PESCADO
- ACEITE
- SAL

Elaboración

Sofríe la cebolla con el ajo y la guindilla, todo bien picado, en una cazuela con un buen chorrito de aceite.

Cuando esté dorado el sofrito, echa una cucharada de harina y remueve muy bien.

Añade el vino blanco, el perejil picado, el caldo y la sal.

Déjalo a fuego moderado unos minutos y añade más caldo o más vino, si hiciera falta. Hay que ir probando.

Una vez que ya está lista la salsa, echa los berberechos; cuando veas que empiezan a abrirse incorpora también las alubias bien escurridas y un poco más de caldo.

Cocina unos minutos a fuego suave y sirve bien caliente.

22 MINUTOS

cremas, sopas y legumbres

Sopa de ajo

- PAN DEL DÍA ANTERIOR
- 3 DIENTES DE AJO
- ACEITE DE OLIVA
- 1 CUCHARADITA DE PIMENTÓN DULCE
- 1/2 LITRO DE CALDO DE POLLO
- SAL
- 1 YEMA DE HUEVO
- 100 G DE JAMÓN SERRANO, EN TAQUITOS

Elaboración

Corta el pan en rebanadas finas y pica los ajos.

En una sartén con aceite, sofríe los ajos hasta dorarlos. Añade el jamón en taquitos y el pan.

Moja con el caldo y sazona. Deja cocer la sopa unos 10 minutos.

En una sartén pequeña, haz un refrito con aceite y pimentón. Añade el refrito, muy caliente, a la sopa. En el último momento, agrega una yema de huevo. Sirve la sopa muy caliente.

Sopa de hierbabuena

22 MINUTOS

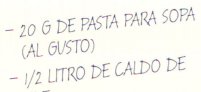

- 20 G DE PASTA PARA SOPA (AL GUSTO)
- 1/2 LITRO DE CALDO DE AVE
- PEREJIL
- HIERBABUENA
- SAL
- 1 HUEVO

Elaboración

Cuece el huevo en agua hirviendo durante 10-11 minutos.

Pica el perejil y la hierbabuena.

Pon a hervir el caldo en una cazuela con una rama entera de hierbabuena.

Cuando rompa a hervir, añade la pasta en forma de lluvia y remueve. Deja cocer unos 10 minutos.

Pela el huevo y pícalo menudo. Añade el huevo y las hierbas picadas. Prueba de sal, y listo.

cremas, sopas y legumbres

Sopa de cebolla

- 150 G DE CEBOLLA CONFITADA DE BOTE
- 1 VASO GRANDE DE CALDO DE POLLO
- ACEITE DE OLIVA
- UNA NUEZ DE MANTEQUILLA
- UN CHORRITO DE VINO FINO
- UN CHORRITO DE BRANDY
- UN PUÑADO DE QUESO RALLADO PARMESANO
- 2 REBANADAS DE PAN
- SAL
- PIMIENTA

Elaboración

Pon aceite a calentar en un cazo, incorpora la cebolla y salpimenta.

Añade el caldo de ave. Deja cocer unos minutos.

Tuesta, ligeramente, las rebanadas de pan en el horno.

Echa un poco de fino y un poco de brandy antes de terminar la cocción de la sopa.

Sirve la sopa en una cazuela de barro. Pon encima las rebanadas de pan y espolvorea con parmesano rallado.

Gratina unos minutos más en el horno hasta que el queso esté dorado.

22 MINUTOS

cremas, sopas y legumbres

Sopa de marisco «fin de mes»

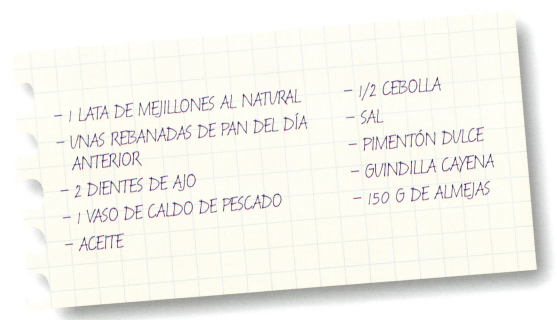

- 1 LATA DE MEJILLONES AL NATURAL
- UNAS REBANADAS DE PAN DEL DÍA ANTERIOR
- 2 DIENTES DE AJO
- 1 VASO DE CALDO DE PESCADO
- ACEITE
- 1/2 CEBOLLA
- SAL
- PIMENTÓN DULCE
- GUINDILLA CAYENA
- 150 G DE ALMEJAS

En una cazuela, dora la cebolla picada.

Añade el pan duro y cubre con el caldo de pescado.

En una sartén, fríe el ajo picado con una pizca de guindilla cayena y una cucharada de pimentón dulce. Añade el refrito, muy caliente, a la sopa.

Incorpora la lata de mejillones al natural. Tritura y pasa por el chino.

Deja la sopa a fuego lento unos minutos más y añade un puñado de almejas.

Cuando las almejas se hayan abierto, deja reposar unos minutos.

cremas, sopas y legumbres

Sopa minestrone

- 50 G DE GUISANTES CONGELADOS
- 3 CUCHARADAS DE ACEITE DE OLIVA
- 1 BOLSA DE VERDURAS FRESCAS VARIADAS, PICADAS
- 50 G DE JAMÓN, EN TAQUITOS
- 1 DIENTE DE AJO
- 2 CUCHARADAS DE TOMATE NATURAL TRITURADO
- 1/2 LITRO DE CALDO DE POLLO
- HIERBAS AROMÁTICAS FRESCAS AL GUSTO
- 100 G DE PASTA PARA SOPA
- SAL

Elaboración

Pica el ajo y la cebolla. Rehógalos en una olla.

Añade las verduras picadas y los guisantes. Rehoga durante 5 minutos y sazona.

Incorpora las dos cucharadas de tomate triturado y déjalo 2 minutos más. Echa el jamón en taquitos y dale unas vueltas.

Vierte el caldo y cocina durante unos minutos con una ramita de alguna hierba aromática. Añade la pasta y espera a que esté bien cocida.

Sirve la sopa muy caliente.

22 MINUTOS

cremas, sopas y legumbres

Vichyssoise

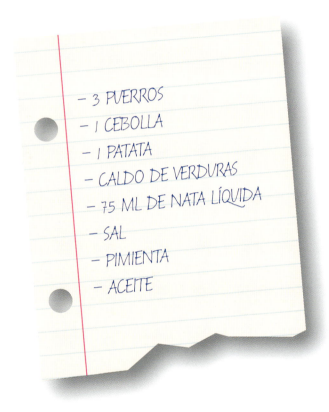

- 3 PUERROS
- 1 CEBOLLA
- 1 PATATA
- CALDO DE VERDURAS
- 75 ML DE NATA LÍQUIDA
- SAL
- PIMIENTA
- ACEITE

Elaboración

En la olla exprés con un poco de aceite, rehoga el puerro, la cebolla y la patata, todo picado. Salpimenta.

Cuando empiecen a dorarse las verduras, cubre con el caldo y cierra la olla durante 7 minutos.

Abre la olla y tritura.

Pasa la crema por el chino y añade la nata líquida. Rectifica de sal.

Puedes tomar la vichyssoise fría o caliente.

22 MINUTOS

22 MINUTOS

VERDURAS Y ENSALADAS

verduras y ensaladas

Coliflor gratinada con almendras

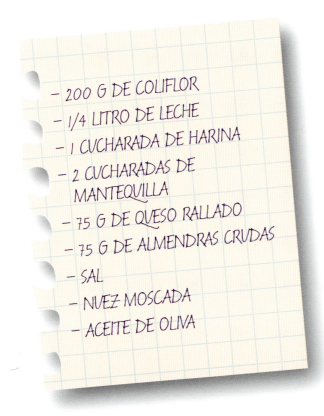

- 200 G DE COLIFLOR
- 1/4 LITRO DE LECHE
- 1 CUCHARADA DE HARINA
- 2 CUCHARADAS DE MANTEQUILLA
- 75 G DE QUESO RALLADO
- 75 G DE ALMENDRAS CRUDAS
- SAL
- NUEZ MOSCADA
- ACEITE DE OLIVA

Elaboración

Hierve la coliflor con agua y sal en la olla exprés, durante 6 minutos.

Saltea las almendras en una sartén con una cucharada de aceite. Reserva.

Haz una bechamel ligera: derrite la mantequilla en un cazo, añade una cucharada de harina y liga bien hasta conseguir una pasta amarilla; añade poco a poco la leche templada, moviendo continuamente para que no se te hagan grumos; sazona con sal y nuez moscada.

Abre la olla y escurre bien la coliflor. Colócala en una fuente de horno y pon las almendras por encima. Cubre con la bechamel y espolvorea con queso rallado.

Gratina en el horno unos minutos a máxima potencia, y listo.

verduras y ensaladas

Ensalada de alubias blancas y bacalao ahumado

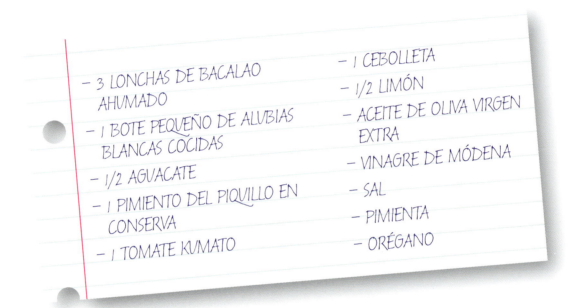

- 3 LONCHAS DE BACALAO AHUMADO
- 1 BOTE PEQUEÑO DE ALUBIAS BLANCAS COCIDAS
- 1/2 AGUACATE
- 1 PIMIENTO DEL PIQUILLO EN CONSERVA
- 1 TOMATE KUMATO
- 1 CEBOLLETA
- 1/2 LIMÓN
- ACEITE DE OLIVA VIRGEN EXTRA
- VINAGRE DE MÓDENA
- SAL
- PIMIENTA
- ORÉGANO

Elaboración

Pica la cebolleta, el pimiento del piquillo y el tomate.

Lava con agua las alubias blancas y escúrrelas bien. Ponlas en un bol.

Saca la pulpa del aguacate y trocéala en dados. Échale zumo de limón por encima y añádela a las alubias.

Añade también el bacalao cortado en tiras y las verduras.

Haz un aliño, mezclando el vinagre con aceite, sal, pimienta y orégano. Adereza la ensalada y mezcla todo bien.

Pon la ensalada en un plato.

22 MINUTOS

verduras y ensaladas

Ensalada de cigalas y trufa

- 5-7 CIGALAS
- 1 BOLSA DE LECHUGAS VARIADAS, LAVADAS Y CORTADAS
- 75 G DE TRUFA
- 75 ML DE NATA LÍQUIDA
- 2 CHALOTAS
- SAL
- PIMIENTA
- VINAGRE DE MÓDENA
- ACEITE DE OLIVA
- BRANDY

Elaboración

Pela las cigalas y reserva, por un lado, las colas, y, por otro, las cabezas.

Saltea las colas de cigala con una pizca de aceite, sal y pimienta. Reserva.

En la misma sartén, saltea las cabezas con un chorrito de brandy, aplastándolas para que saquen bien el jugo, y flambea.

Mezcla el jugo de la trufa con aceite y vinagre de Módena, para la vinagreta.

Cuela el salteado de las cabezas y añádelo a la vinagreta.

Pon un poco de mantequilla en un cazo con las chalotas picadas. Añade las trufas, también picadas, e incorpora la nata líquida, sal y pimienta. Tritura.

Monta la ensalada colocando en el fondo del plato la salsa de trufa; en el centro, pon las lechugas y, alrededor, las colas de las cigalas.

Salsea todo con la vinagreta y espolvorea un poco de cebollino picado.

22 MINUTOS

verduras y ensaladas

Ensalada de gulas, jamón y piñones

- 1 BOLSA DE LECHUGAS VARIADAS
- 100 G DE PIÑONES
- 200 G DE GULAS
- 100 G DE JAMÓN SERRANO EN LONCHAS
- ACEITE DE OLIVA
- SAL
- PIMIENTA
- VINAGRE DE JEREZ
- 1 DIENTE DE AJO
- 1 GUINDILLA CAYENA

Elaboración

Aliña las lechugas con aceite, sal, vinagre y un poquito de pimienta recién molida.

Pica el diente de ajo y ponlo a rehogar con la guindilla, en una sartén con aceite. Añade las gulas y saltea un par de minutos.

En otra sartén, tuesta ligeramente los piñones.

Monta la ensalada, haciendo una cama con las lechugas. Pon encima el salteado y los piñones, y decora con unas tiras de jamón serrano en crudo, o vuelta y vuelta en la sartén.

22 MINUTOS

verduras y ensaladas

Ensalada de canónigos con manzana y piñones

- UN PUÑADO DE CANÓNIGOS
- 1/2 MANZANA ROJA
- 1/2 MANZANA VERDE
- 50 G DE PIÑONES
- FIAMBRE DE PAVO EN UNA PIEZA
- 1 YOGUR NATURAL
- ACEITE DE OLIVA
- EL ZUMO DE 1 LIMÓN
- 1 CUCHARADITA DE AZÚCAR
- ENELDO
- SAL

Elaboración

Haz una salsa con el yogur, el aceite de oliva, el zumo de limón, el azúcar, eneldo y sal.

Lava las manzanas y córtalas con piel en medias lunas.

Trocea en dados el fiambre de pavo.

Tuesta ligeramente los piñones en una sartén con una cucharada de aceite.

Monta la ensalada con los canónigos, las manzanas, el pavo y los piñones. Aliña con la salsa de yogur, y listo.

22 MINUTOS

Endibias con bacalao ahumado

- 6 HOJAS DE ENDIBIA
- 200 G DE BACALAO AHUMADO
- 1 BOTE DE HUEVAS DE MÚJOL
- 1 LIMÓN
- PIMIENTA
- SAL

Elaboración

Coloca las hojas de endibia en el plato de presentación y échales un poco de sal y aceite.

Pon encima las lonchas de bacalao ahumado y adereza con limón y pimienta.

Termina decorando con las huevas de mújol.

verduras y ensaladas

Ensalada de pasta

- 1 LATA DE PUNTAS DE ESPÁRRAGO
- 200 G DE TALLARINES VERDES DE PASTA FRESCA
- 100 G DE PECHUGA DE PAVO
- 1 MANOJO DE RÁBANOS
- 1 MANOJO DE CEBOLLINO
- 1 PUERRO
- 1 LIMÓN
- UN CHORRITO DE VINAGRE DE VINO BLANCO
- 3 CUHARADAS SOPERAS DE NATA LÍQUIDA
- SAL
- PIMIENTA BLANCA

Elaboración

Cuece la pasta, siguiendo las indicaciones del fabricante, y déjala al dente.

Corta la pechuga de pavo en trocitos.

Limpia los rábanos y córtalos en láminas.

Pica el cebollino lo más menudo posible, y el puerro, en aros.

Echa todos los ingredientes en una fuente con las puntas de espárrago.

Mezcla el zumo de limón con el vinagre, la nata líquida, la sal y la pimienta blanca.

Incorpora la pasta cocida y refrescada al resto de ingredientes y mézclalo todo muy bien con la salsa.

verduras y ensaladas

Ensalada de pulpo con espárragos trigueros y hongos

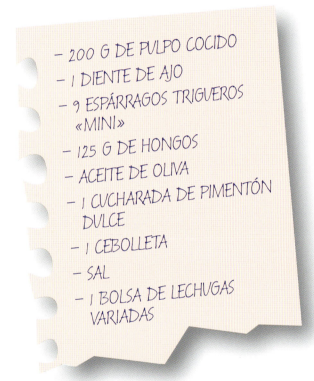

- 200 G DE PULPO COCIDO
- 1 DIENTE DE AJO
- 9 ESPÁRRAGOS TRIGUEROS «MINI»
- 125 G DE HONGOS
- ACEITE DE OLIVA
- 1 CUCHARADA DE PIMENTÓN DULCE
- 1 CEBOLLETA
- SAL
- 1 BOLSA DE LECHUGAS VARIADAS

Elaboración

Lava bien el pulpo y trocéalo.

Haz los espárragos a la plancha con un poco de aceite de oliva y sal. Reserva.

En la misma sartén, saltea los hongos con un diente de ajo picado. Retíralos del fuego y déjalos en la sartén hasta el último momento.

Para preparar el aliño, pica finita la cebolleta y mezcla con aceite de oliva virgen, sal y el pimentón dulce.

Para montar el plato, coloca por un lado el pulpo, y, por otro, los hongos. Pon los espárragos encima del pulpo y haz un bouquet de lechugas variadas en el centro. Riega todo bien con la vinagreta.

22 MINUTOS

verduras y ensaladas

Ensalada de rabas de calamar con lima y mango

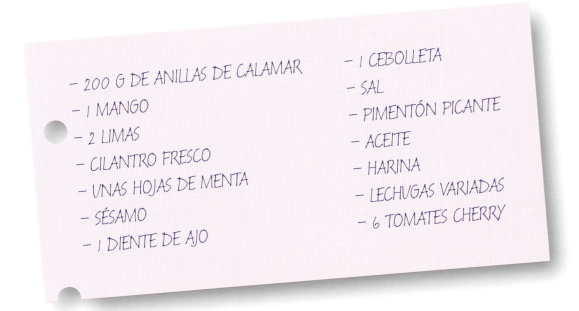

- 200 G DE ANILLAS DE CALAMAR
- 1 MANGO
- 2 LIMAS
- CILANTRO FRESCO
- UNAS HOJAS DE MENTA
- SÉSAMO
- 1 DIENTE DE AJO
- 1 CEBOLLETA
- SAL
- PIMENTÓN PICANTE
- ACEITE
- HARINA
- LECHUGAS VARIADAS
- 6 TOMATES CHERRY

Elaboración

Lava las anillas de calamar y dales un corte, convirtiéndolas en rabas.

Corta el mango y la cebolleta en juliana. Pela una de las limas y sepárala en gajos.

Haz una vinagreta con el zumo de la otra lima, las hierbas, el aceite y el sésamo. Reserva.

Reboza los calamares con harina mezclada con pimentón picante.

En un plato grande, coloca una cama de lechuga.

Encima, pon el mango, la cebolleta y los gajos de lima.

Corta por la mitad los tomates cherry y colócalos alrededor de la ensalada.

Por último, fríe las rabas de calamar, en aceite muy caliente, hasta que estén doradas.

Coloca las rabas en el centro del plato y salsea todo con la vinagreta.

22 MINUTOS

95

verduras y ensaladas

Ensalada de lentejas y pulpo

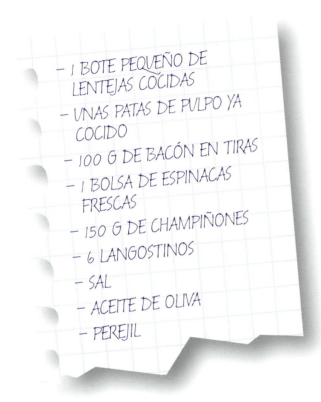

- 1 BOTE PEQUEÑO DE LENTEJAS COCIDAS
- UNAS PATAS DE PULPO YA COCIDO
- 100 G DE BACÓN EN TIRAS
- 1 BOLSA DE ESPINACAS FRESCAS
- 150 G DE CHAMPIÑONES
- 6 LANGOSTINOS
- SAL
- ACEITE DE OLIVA
- PEREJIL

Elaboración

Pela los langostinos y reserva las colas.

Limpia y trocea los champiñones.

Saltea las cabezas de los langostinos en una sartén con un poco de aceite de oliva, sal y pimienta. Pasa por un colador, para emplearlo como salsa de la ensalada.

En esa misma sartén, saltea las colas de langostino y el bacón en tiras. Añade los champiñones y sazona.

Escurre bien las lentejas.

Monta la ensalada poniendo en la base del plato hojas de espinaca, encima, las lentejas, y, sobre ello, la mezcla de langostinos, bacón y champiñón.

Termina con el pulpo cortado en rodajitas y salsea con el jugo de langostinos.

22 MINUTOS

verduras y ensaladas

Ensalada tibia de confit de pato con vinagreta de frutos silvestres

- 200 G DE CONFIT DE PATO EN LATA
- LECHUGAS VARIADAS
- CEBOLLETA
- 1 TOMATE
- 1 PUÑADO DE RÚCULA
- 8 CASTAÑAS CONFITADAS
- 4 MEDALLONES DE QUESO DE CABRA
- ARÁNDANOS
- MORAS
- FRAMBUESAS
- UN CHORRITO DE VINAGRE DE MÓDENA
- 1 CUCHARADA DE AZÚCAR
- ACEITE DE OLIVA
- SAL
- PIMIENTA
- SÉSAMO

Elaboración

Saltea el pato, ligeramente, en su propia grasa.

Corta el queso de cabra en medallones; mételos al horno a gratinar, con un poco de sésamo espolvoreado por encima.

Pica el tomate en cuadraditos, la cebolleta, en juliana, y mezcla con la rúcula y las lechugas.

Pon en un cazo los frutos silvestres con el azúcar, el vinagre de Módena y una pizca de aceite. Dales unos minutos de calor, y listo. Reserva un poco de la vinagreta para decorar.

Mezcla la vinagreta con las lechugas y métela en un aro, haciendo un bouquet.

Tritura las castañas, haciendo un puré. Coloca pequeñas bolitas de puré alrededor del plato, ayudándote con dos cucharillas.

Pon el pato sobre el bouquet de lechugas y corona con el queso calentito.

Decora con la vinagreta de frutos silvestres que has reservado.

22 MINUTOS

verduras y ensaladas

Ensalada variada

- 1 BOLSA DE LECHUGAS VARIADAS
- 1/2 MANZANA
- 1 MANDARINA
- UN PUÑADO DE FRAMBUESAS
- 4 CHAMPIÑONES
- 100 G DE JAMÓN SERRANO EN LONCHAS
- FRUTOS SECOS VARIADOS
- UNA CUÑA DE QUESO PARMESANO PARA RALLAR
- ACEITE DE OLIVA
- VINAGRE DE JEREZ
- SAL
- PIMIENTA

Elaboración

Limpia y trocea los champiñones y la manzana.

Lava bien la mandarina y ralla parte de la piel. Pela la mandarina y separa los gajos.

Fríe las lonchas de jamón serrano en una sartén con aceite, hasta que queden crujientes.

En un bol, haz una vinagreta con la ralladura de mandarina, los frutos secos picados, aceite de oliva, vinagre, sal y pimienta.

Monta la ensalada, poniendo las lechugas en la base del plato y los champiñones y las frutas por encima. En el centro, pon el jamón crujiente y salsea con la vinagreta. Por último, añade unas lascas de queso parmesano por encima.

22 MINUTOS

verduras y ensaladas

Ensalada de escarola y setas

- 1 BOLSA DE ESCAROLA
- 150 G DE BOLETUS EDULIS EN CONSERVA
- ACEITE DE OLIVA
- VINAGRE DE SIDRA
- RALLADURA DE LIMÓN
- SAL
- PIMIENTA

Elaboración

Limpia bien los boletus y córtalos en láminas.

Haz una vinagreta con aceite, vinagre, sal, pimienta y la ralladura de limón.

Saltea ligeramente los boletus en una sartén, para que estén templados.

Mezcla la escarola con los boletus y salsea con la vinagreta.

22 MINUTOS

Ensalada de jamón de pato con vinagreta de chocolate

- 9 LONCHAS DE JAMÓN DE PATO
- 2 ENDIBIAS
- UN PUÑADO DE CANÓNIGOS
- 1 MANZANA
- 4 ONZAS DE CHOCOLATE PARA REPOSTERÍA
- ACEITE DE OLIVA
- VINAGRE DE JEREZ
- SAL
- PIMIENTA
- UN PUÑADO DE BROTES DE SOJA

Elaboración

Pela la manzana y córtala en tiras.

Ralla las onzas de chocolate.

En un bol, mezcla el vinagre con el aceite, la sal, la pimienta y el chocolate rallado.

Coloca los canónigos y, encima, unas hojas de endibia. Pon también las tiras de manzana, las lonchas de jamón de pato y los brotes de soja.

Salsea con la vinagreta de chocolate, y listo.

verduras y ensaladas

Ensaladilla rusa julius

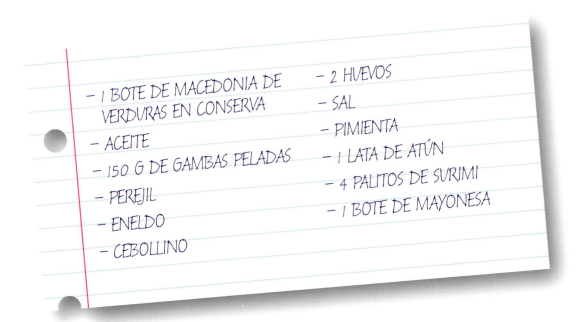

- 1 BOTE DE MACEDONIA DE VERDURAS EN CONSERVA
- ACEITE
- 150 G DE GAMBAS PELADAS
- PEREJIL
- ENELDO
- CEBOLLINO
- 2 HUEVOS
- SAL
- PIMIENTA
- 1 LATA DE ATÚN
- 4 PALITOS DE SURIMI
- 1 BOTE DE MAYONESA

Elaboración

Cuece las gambas con agua hirviendo y sal, durante 3 minutos. Reserva.

Pon también a cocer un par de huevos, durante 10-11 minutos.

Mientras tanto, escurre bien la macedonia de verduras y ponla en un bol.

Añade el atún, el surimi picado y las gambas cocidas.

Pela los huevos, pícalos y añádelos a la ensaladilla.

Haz un aceite verde, triturando cebollino picado, eneldo y perejil con una pizca de aceite de oliva.

Mezcla bien el aceite verde con unas cucharadas de mayonesa.

Vierte la mayonesa verde en el bol y mezcla todo bien.

Deja enfriar un poco en la nevera.

22 MINUTOS

verduras y ensaladas

Espinacas con bechamel y crujiente de parmesano

- 1 BOLSA DE ESPINACAS FRESCAS
- 1/2 LITRO DE LECHE
- MANTEQUILLA
- 1 CUCHARADA SOPERA DE HARINA
- SAL
- PIMIENTA
- NUEZ MOSCADA
- 1 DIENTE DE AJO
- QUESO PARMESANO RALLADO

Elaboración

Haz una bechamel en el microondas: primero, derrite la mantequilla en el microondas. Añade la harina y revuelve hasta conseguir una pasta. Incorpora la leche y tritura con la batidora hasta conseguir un aspecto como de leche cortada. Mete la mezcla en tandas de 5 minutos al microondas hasta conseguir la textura deseada, batiendo cada vez, para que no queden grumos. Reserva.

Saltea ligeramente las espinacas con un diente de ajo.

Añade la bechamel a las espinacas y mezcla bien.

Haz un crujiente de parmesano, cubriendo el fondo de una sartén bien caliente con un pizca de mantequilla y el queso rallado. Espera un poco y levántalo con cuidado por los extremos.

Sirve las espinacas bien calientes con el crujiente de parmesano para decorar.

22 MINUTOS

verduras y ensaladas

Pastel de hongos, calabacín y paté

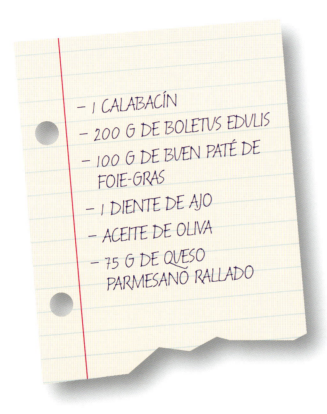

- 1 CALABACÍN
- 200 G DE BOLETUS EDULIS
- 100 G DE BUEN PATÉ DE FOIE-GRAS
- 1 DIENTE DE AJO
- ACEITE DE OLIVA
- 75 G DE QUESO PARMESANO RALLADO

Elaboración

Corta los calabacines en láminas finas. Fríelas en abundante aceite y deja que vayan escurriendo el aceite sobre papel de cocina.

En esa misma sartén, dora el ajo picado. Antes de que empiece a coger color, añade las setas picadas menudas. Salpimenta y cocina lentamente, hasta que pierdan el agua.

Coloca un aro en un plato y haz una primera capa de calabacín en el fondo. A continuación, extiende una capa fina de paté de foie-gras y cubre con otra capa de setas. Repite esta operación de manera que la última capa sea de calabacín.

Espolvorea un poco de queso parmesano por encima e introduce en el horno, precalentado a 200 °C, durante unos 5 minutos.

Desmolda y sirve bien caliente.

22 MINUTOS

verduras y ensaladas

Pencas rellenas con idiazábal

- 1 BOTE DE PENCAS COCIDAS
- 1 CUÑA DE QUESO IDIAZÁBAL
- 1 HUEVO
- HARINA
- ACEITE DE OLIVA
- 75 ML DE NATA LÍQUIDA
- SAL
- PIMIENTA

Elaboración

Escurre bien las pencas.

Corta el queso idiazábal en cuñas del tamaño de las pencas.

Pon trozos de queso entre dos pencas y pínchalas con palillos para que no se te desmonten.

Reboza las pencas con cuidado, pasándolas por harina y huevo batido con sal.

Fríe las pencas en aceite caliente, hasta que estén doradas, y escurre sobre papel de cocina, para retirar el exceso de aceite.

Calienta la nata líquida en el microondas.

En el vaso de la batidora, tritura la nata caliente con unos trozos de Idiazábal, sal y pimienta.

Haz una cama con la salsa de queso en un plato y pon encima las pencas.

22 MINUTOS

verduras y ensaladas

Pisto con verduras y calamar

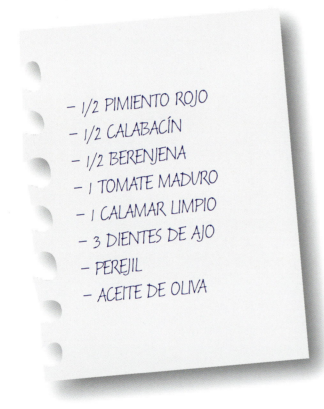

- 1/2 PIMIENTO ROJO
- 1/2 CALABACÍN
- 1/2 BERENJENA
- 1 TOMATE MADURO
- 1 CALAMAR LIMPIO
- 3 DIENTES DE AJO
- PEREJIL
- ACEITE DE OLIVA

Elaboración

Escalda el tomate en agua hirviendo durante medio minuto.

Corta el calamar en tiras muy finas.

Pela el tomate escaldado.

Trocea el pimiento rojo, el calabacín, la berenjena y el tomate en dados pequeños.

Saltea las verduras para el pisto en este orden: pimiento, berenjena, calabacín y tomate. Salpimenta.

Saltea en otra sartén, con un poco de aceite y a fuego muy fuerte, las tiras de calamar, y sazona.

Sirve el pisto en un plato con las tiras de calamar por encima y espolvorea un poco de perejil picado.

22 MINUTOS

verduras y ensaladas

Puerros con salsa romesco

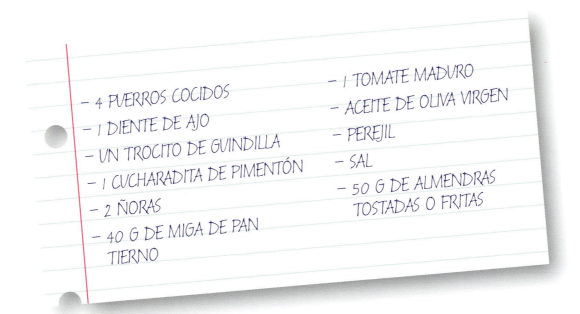

- 4 PUERROS COCIDOS
- 1 DIENTE DE AJO
- UN TROCITO DE GUINDILLA
- 1 CUCHARADITA DE PIMENTÓN
- 2 ÑORAS
- 40 G DE MIGA DE PAN TIERNO
- 1 TOMATE MADURO
- ACEITE DE OLIVA VIRGEN
- PEREJIL
- SAL
- 50 G DE ALMENDRAS TOSTADAS O FRITAS

Elaboración

Para preparar la salsa romesco, pon en el vaso de la batidora el ajo picado, un trozo de guindilla, el pimentón, las almendras y la carne de las ñoras (previamente remojadas).

Incorpora el tomate maduro pelado y el pan frito y escurrido. Sazona y tritura bien. Añade un poco de aceite para aligerar la salsa.

Sirve los puerros cocidos, escaldados en agua caliente para templarlos, acompañados de la salsa romesco. Decora con unas hojitas de perejil.

22 MINUTOS

verduras y ensaladas

Quiche de puerro

- MASA DE HOJALDRE PREPARADA
- 2 HUEVOS
- 200 ML DE NATA
- SAL
- PIMIENTA
- UNA NUEZ DE MANTEQUILLA
- 3 PUERROS
- ACEITE DE OLIVA

Elaboración

Extiende la masa de hojaldre y amasa un poco con el rodillo hasta que quede bien fina.

Engrasa un molde de horno poco profundo y coloca la masa encima. (Ten en cuenta que tienes que echar el relleno).

Pincha la masa para que no suba y hornea unos 3 minutos.

Limpia bien el puerro, pícalo y saltéalo en una sartén con aceite.

Prepara el relleno, batiendo los huevos y añadiendo sal, pimienta, la nata líquida y el puerro salteado.

Saca el hojaldre del horno y echa esta mezcla dentro. Hornea unos 15 minutos, y listo.

22 MINUTOS

verduras y ensaladas

San jacobos de setas

- 4 SETAS GRANDES (LO MÁS PARECIDAS POSIBLE)
- 2 LONCHAS DE JAMÓN SERRANO
- 2 LONCHAS DE QUESO CHEDDAR
- PAN RALLADO
- 3 CUCHARADAS DE SALSA DE TOMATE FRITO
- TOMILLO
- 1 HUEVO
- 1/2 CEBOLLA
- 1 DIENTE DE AJO
- ACEITE DE OLIVA
- SAL
- HARINA

Elaboración

Limpia y sazona las setas.

Forma emparedados colocando entre dos setas una loncha de jamón y otra de queso.

Pásalas por harina, huevo batido y pan rallado.

Pica la cebolla y el ajo, y ponlos a rehogar en una sartén con aceite. Cuando estén dorados, añade el tomate y el tomillo. Cocina unos minutos a fuego medio.

Fríe los san jacobos en aceite bien caliente. Escurre el exceso de grasa sobre papel de cocina.

Sirve los san jacobos con la salsa de tomate.

22 MINUTOS

verduras y ensaladas

Soja estofada

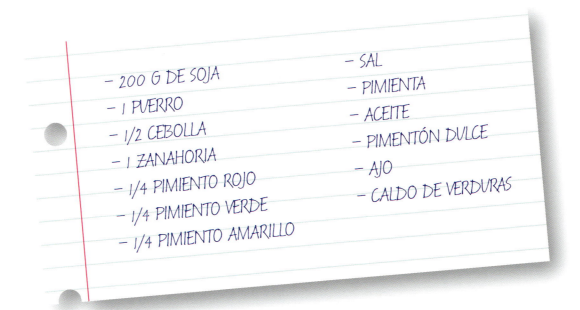

- 200 G DE SOJA
- 1 PUERRO
- 1/2 CEBOLLA
- 1 ZANAHORIA
- 1/4 PIMIENTO ROJO
- 1/4 PIMIENTO VERDE
- 1/4 PIMIENTO AMARILLO
- SAL
- PIMIENTA
- ACEITE
- PIMENTÓN DULCE
- AJO
- CALDO DE VERDURAS

Elaboración

Pica las verduras finamente.

Sofríe, en la olla exprés con aceite, la cebolla, el puerro y la zanahoria.

A continuación, añade los pimientos. Salpimenta.

Cuando las verduras estén doradas, incorpora la soja y cubre con el caldo de verduras.

Cierra la olla y deja cocer unos 12 minutos.

Abre la olla y rectifica de sal.

Haz un refrito con ajo picado y pimentón, en una sartén con aceite muy caliente.

Añade el refrito a la soja.

Déjalo unos minutos más a fuego suave, y listo.

22 MINUTOS

verduras y ensaladas

Tomates rellenos

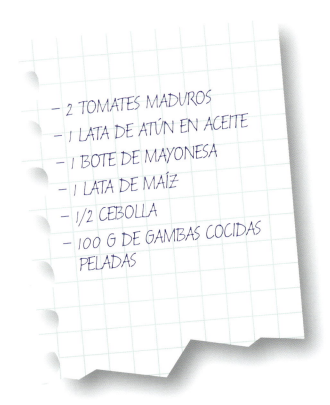

- 2 TOMATES MADUROS
- 1 LATA DE ATÚN EN ACEITE
- 1 BOTE DE MAYONESA
- 1 LATA DE MAÍZ
- 1/2 CEBOLLA
- 100 G DE GAMBAS COCIDAS PELADAS

Elaboración

Corta el sombrero de los tomates y vacíalos ayudándote con una cuchara. Reserva el sombrero y pica la pulpa.

Pica también la cebolla y las gambas.

Escurre bien las latas de maíz y de atún.

En un bol, mezcla la cebolla, el atún, la pulpa de tomate, las gambas y el maíz con la mayonesa.

Rellena los tomates, ponles la tapa, y listo.

Sírvelos sobre una cama de lechuga.

22 MINUTOS

123

22 MINUTOS

PASTAS Y ARROCES

pastas y arroces

Arroz de calamar y berberechos en olla rápida

- 1 VASO DE ARROZ
- 1/2 CALAMAR
- 100 G DE BERBERECHOS
- 2 VASOS DE CALDO DE PESCADO
- 1 VASO DE AGUA
- 1 HOJA DE LAUREL
- 50 G DE GUISANTES
- 1/2 CEBOLLA
- 1 PIMIENTO VERDE
- 2 CHALOTAS
- VINO BLANCO
- SAL

Elaboración

Pica las chalotas, la cebolla y el pimiento verde.

Cubre el fondo de la olla rápida con un buen chorrito de aceite de oliva y rehoga las verduras. Salpimenta.

Cuando las verduras estén tiernas y un poco doradas, añade el calamar limpio y troceado. Incorpora el sobre de azafrán molido y dale unas vueltas. Cuando el calamar cambie de color, incorpora los berberechos y la hoja de laurel.

Echa dos medidas de caldo de pescado y una de agua. Deja que hierva.

Cuando rompa el hervor, echa una medida de arroz y añade un puñado de guisantes.

Rectifica el punto de sal y cierra la olla. Cuando coja la presión, cuenta 5 minutos y retíralo del fuego. Deja que termine de soltar la presión y abre la olla.

Sirve el arroz inmediatamente.

22 MINUTOS

pastas y arroces

Calzone de tofu

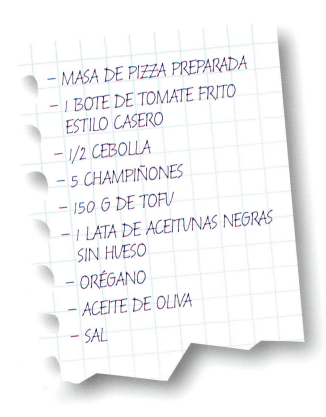

- MASA DE PIZZA PREPARADA
- 1 BOTE DE TOMATE FRITO ESTILO CASERO
- 1/2 CEBOLLA
- 5 CHAMPIÑONES
- 150 G DE TOFU
- 1 LATA DE ACEITUNAS NEGRAS SIN HUESO
- ORÉGANO
- ACEITE DE OLIVA
- SAL

Elaboración

Pica la cebolla y los champiñones. Sofríe las verduras en una sartén con un poco de aceite y sal.

Añade el tofu, cortado en dados, y el orégano.

Incorpora un poco de tomate frito y mezcla todo bien.

Añade las aceitunas negras picadas.

Extiende la masa de pizza y amasa para que quede lo más fina posible. Dale forma redonda, pon el relleno dentro y dóblala por la mitad, como si fuera una empanadilla, sellando los bordes con un tenedor.

Hornea a temperatura alta (190-200 °C), hasta que la masa esté dorada.

22 MINUTOS

pastas y arroces

Canelones de chipirones con salsa de azafrán

- 5 PLANCHAS DE PASTA DE CANELONES
- 10 CHIPIRONES, BIEN LIMPIOS
- 1 CEBOLLA
- ACEITE DE OLIVA
- SAL
- PIMIENTA
- 1 DIENTE DE AJO
- UNAS HEBRAS DE AZAFRÁN
- 1 VASO DE CALDO DE PESCADO
- 100 ML DE NATA LÍQUIDA
- 75 G DE QUESO RALLADO EMMENTAL

Elaboración

Cuece la pasta en agua salada, siguiendo las indicaciones del fabricante.

Rehoga la mitad de la cebolla y el ajo picados, en una sartén con aceite. Añade los chipirones, picados en trozos pequeños, y rehoga. Sazona.

En otra sartén, dora la mitad restante de la cebolla. Echa un poco de caldo de pescado y un chorrito de nata líquida. Salpimenta y añade unas hebras de azafrán. Deja reducir.

Rellena los canelones con la mezcla de los chipirones.

Cubre con la salsa, espolvorea el queso rallado y gratina unos minutos en el horno.

22 MINUTOS

pastas y arroces

Empanadillas de espinacas y ricota

- 4 OBLEAS DE PASTA PARA EMPANADILLAS
- 1 DIENTE DE AJO
- 1 BOLSA DE ESPINACAS FRESCAS
- ACEITE DE OLIVA
- UN PUÑADO DE PIÑONES
- UN PUÑADO DE PASAS
- SAL
- PIMIENTA
- 150 G DE QUESO RICOTA CREMOSO

Elaboración

Pica el ajo finamente.

Calienta una pizca de aceite en una sartén y tuesta los piñones a fuego lento.

Incorpora las pasas, las espinacas y el ajo picado. Rehoga un par de minutos.

Mezcla todo en un bol con el queso ricota y salpimenta.

Rellena las empanadillas y ciérralas con la ayuda de un tenedor.

Fríelas en una sartén con aceite muy caliente (o en la freidora), ponlas sobre papel de cocina, para eliminar el exceso de aceite.

22 MINUTOS

pastas y arroces

Fideos con almejas

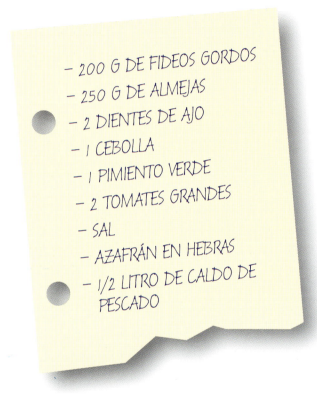

- 200 G DE FIDEOS GORDOS
- 250 G DE ALMEJAS
- 2 DIENTES DE AJO
- 1 CEBOLLA
- 1 PIMIENTO VERDE
- 2 TOMATES GRANDES
- SAL
- AZAFRÁN EN HEBRAS
- 1/2 LITRO DE CALDO DE PESCADO

Elaboración

Deja las almejas en un recipiente con agua y sal, para que suelten la arena que pudieran tener.

Pica finamente la cebolla y póchala (fuego lento) en una sartén con aceite.

Cuando esté transparente la cebolla, rehoga los fideos. Reserva.

Pela y pica los ajos, el tomate y el pimiento.

Sofríe el pimiento con el ajo en una cazuela con aceite y sazona.

Luego, incorpora los fideos con la cebolla y añade el tomate.

Agrega el caldo de pescado y unas hebras de azafrán.

Déjalo cocer entre 7 y 10 minutos, y, si el caldo se evapora, añade un poco de agua.

Cuando queden 3 minutos, añade las almejas, y listo.

22 MINUTOS

pastas y arroces

Hamburguesas de arroz con espinacas y tomate

- 200 G DE ARROZ GRANO LARGO
- 150 G DE ESPINACAS FRESCAS
- 1/2 PIMIENTO ROJO
- QUESO RALLADO EN POLVO
- 1 HUEVO
- PAN RALLADO
- ACEITE DE OLIVA
- SAL
- PIMIENTA
- 1 TOMATE
- 1 DIENTE DE AJO
- UNAS HOJAS DE LECHUGAS VARIADAS
- 1 CEBOLLA

Elaboración

Cuece una medida de arroz con dos medidas y media de agua, sal, un chorrito de aceite y un diente de ajo pelado entero. Reserva.

Pica la cebolla y el pimiento rojo en dados.

En una sartén con aceite, dora la cebolla y añade el pimiento rojo. Salpimenta.

Incorpora las espinacas frescas troceadas.

Añade el arroz cocido y el huevo batido. Mezcla bien y retira del fuego.

Forma las hamburguesas con esta mezcla.

Mezcla el pan rallado con el queso parmesano y empana las hamburguesas.

Fríelas en una sartén con aceite bien caliente, hasta que estén doradas.

Saltea el tomate cortado en dados con una cucharada de aceite, sal y pimienta. Tritúralo y pásalo por el chino.

Sirve las hamburguesas acompañadas de un bouquet de lechugas y el puré de tomate.

22 MINUTOS

137

pastas y arroces

Pasta negra con chipirones

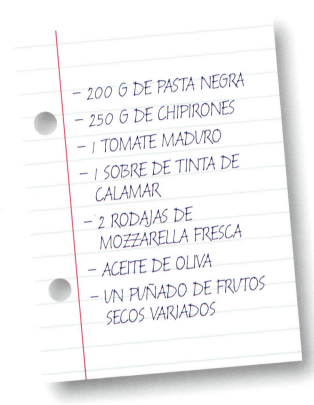

- 200 G DE PASTA NEGRA
- 250 G DE CHIPIRONES
- 1 TOMATE MADURO
- 1 SOBRE DE TINTA DE CALAMAR
- 2 RODAJAS DE MOZZARELLA FRESCA
- ACEITE DE OLIVA
- UN PUÑADO DE FRUTOS SECOS VARIADOS

Elaboración

Cuece la pasta en agua hirviendo con sal, siguiendo las indicaciones del fabricante.

Escalda un tomate en agua hirviendo durante medio minuto, para quitarle fácilmente la piel.

Pica los frutos secos y haz una emulsión mezclándolos con aceite.

Trocea el tomate y la mozzarella en dados.

Mezcla la tinta de calamar con aceite de oliva. Escurre la pasta y mézclala con este aceite de tinta.

Haz a la plancha los chipirones con un poco de aceite y sal.

Sirve la pasta con los chipirones por encima y acompaña con los dados de tomate y mozzarella. Por último, salsea con la emulsión de frutos secos.

22 MINUTOS

pastas y arroces

Tallarines con anchoas

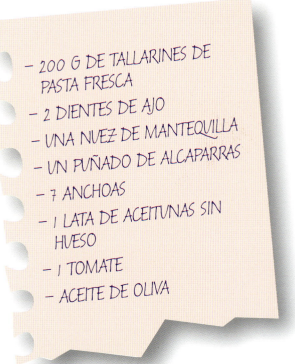

- 200 G DE TALLARINES DE PASTA FRESCA
- 2 DIENTES DE AJO
- UNA NUEZ DE MANTEQUILLA
- UN PUÑADO DE ALCAPARRAS
- 7 ANCHOAS
- 1 LATA DE ACEITUNAS SIN HUESO
- 1 TOMATE
- ACEITE DE OLIVA

Elaboración

Pon a cocer la pasta en agua con sal, siguiendo las indicaciones del fabricante.

Pica las anchoas y las aceitunas.

Pela y corta el tomate en cuadraditos.

Pica los ajos y dóralos con un poco de mantequilla en una sartén.

Escurre bien la pasta y refresca con agua fría para cortarle la cocción.

Incorpora a la sartén las alcaparras, las anchoas, las aceitunas y el tomate. Rehoga y añade los tallarines.

Mezcla todo bien y listo.

22 MINUTOS

HUEVOS

huevos

Huevo frito con boletus, morcilla y corazones de alcachofa

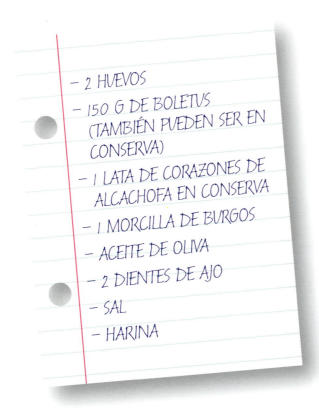

- 2 HUEVOS
- 150 G DE BOLETUS (TAMBIÉN PUEDEN SER EN CONSERVA)
- 1 LATA DE CORAZONES DE ALCACHOFA EN CONSERVA
- 1 MORCILLA DE BURGOS
- ACEITE DE OLIVA
- 2 DIENTES DE AJO
- SAL
- HARINA

Elaboración

Limpia bien los boletus. Saltéalos en una sartén con un poco de aceite. Cuando estén hechos, incorpora la morcilla sin piel y deshazla con una cuchara de madera.

Pasa por harina los corazones de alcachofa bien escurridos y fríelos en una sartén con aceite a fuego vivo. Reserva sobre papel de cocina, para retirar el exceso de aceite.

Fríe también los huevos y sírvelos con el salteado de boletus y morcilla. Pon las alcachofas a un lado del plato, y listo.

22 MINUTOS

huevos

Puré de patata con pesto y huevo poché

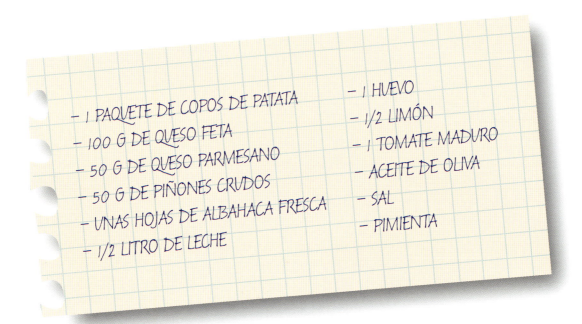

- 1 PAQUETE DE COPOS DE PATATA
- 100 G DE QUESO FETA
- 50 G DE QUESO PARMESANO
- 50 G DE PIÑONES CRUDOS
- UNAS HOJAS DE ALBAHACA FRESCA
- 1/2 LITRO DE LECHE
- 1 HUEVO
- 1/2 LIMÓN
- 1 TOMATE MADURO
- ACEITE DE OLIVA
- SAL
- PIMIENTA

Elaboración

Tritura la albahaca con el parmesano, los piñones, sal y aceite, para hacer el pesto. Reserva.

Escalda el tomate en agua hirviendo durante medio minuto. Pélalo y córtalo en dados. Salpimenta y aliña con aceite.

Corta el queso también en dados.

Pon agua a hervir en un cazo con unas gotas de limón. Cuando rompa el hervor, añade el huevo cascado previamente en un bol. Cuece durante unos 3 o 4 minutos.

Mientras tanto, prepara el puré con agua, mantequilla, leche y sal, siguiendo las indicaciones del fabricante. Intenta conseguir una textura lo más fina posible.

Sirve el puré bien caliente. Dibuja una espiral con el pesto y coloca el huevo poché en el medio. (Si rompes un poco la yema te quedará más bonito). Los dados de tomate y los de queso feta, ponlos alrededor.

22 MINUTOS

huevos

Huevos al horno con champiñón

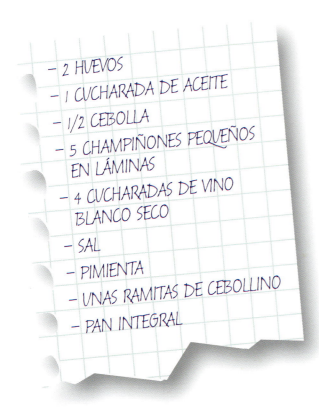

- 2 HUEVOS
- 1 CUCHARADA DE ACEITE
- 1/2 CEBOLLA
- 5 CHAMPIÑONES PEQUEÑOS EN LÁMINAS
- 4 CUCHARADAS DE VINO BLANCO SECO
- SAL
- PIMIENTA
- UNAS RAMITAS DE CEBOLLINO
- PAN INTEGRAL

Elaboración

Pica la cebolla finamente. Limpia y corta en láminas los champiñones.

En una sartén, calienta el aceite a fuego medio y sofríe la cebolla unos minutos. Añade los champiñones, salpimenta y saltea a fuego un poco más fuerte otros 2 minutos.

Añade el vino, una pizca de cebollino picado y deja reducir otro minuto.

Coloca el sofrito de champiñón y cebolla en el fondo de un molde individual de horno.

Casca encima los huevos y salpimenta por encima de las yemas.

Introduce en el horno, ya caliente, hasta que los huevos cuajen (8-10 minutos).

Corta un par de rebanadas de pan integral y tuéstalas también en el horno unos minutos.

Sirve los huevos, en el mismo molde, con las rebanadas de pan integral tostado.

22 MINUTOS

huevos

Huevos estrellados con pimientos y jamón

- 2 HUEVOS
- UNOS COSTRONES DE PAN
- 2 PIMIENTOS DEL PIQUILLO EN CONSERVA
- 3 LONCHAS FINAS DE JAMÓN SERRANO
- ACEITE DE OLIVA
- SAL
- PEREJIL

Elaboración

Pon un cazo con agua a hervir.

Corta, en tiras, una loncha de jamón y los pimientos.

El resto del jamón, mételo al horno unos minutos, para convertirlo en un crujiente. Reserva.

Saltea las tiras de pimiento y de jamón en una sartén con una cucharada de aceite.

Cuece los huevos durante 3 minutos en el agua hirviendo.

Pela los huevos con cuidado y rómpelos con un tenedor. Ponlos a punto de sal.

Echa dentro de una copa las tiras de jamón y de pimiento, pon el huevo encima y unos costrones de pan. Termina con el crujiente de jamón y adorna con perejil.

22 MINUTOS

huevos

Revuelto de morcilla con manzana

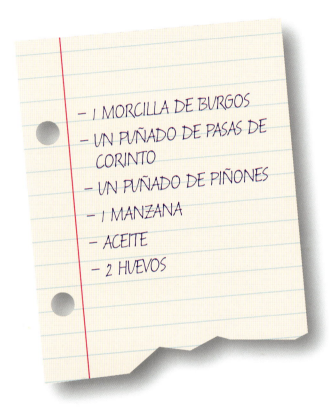

- 1 MORCILLA DE BURGOS
- UN PUÑADO DE PASAS DE CORINTO
- UN PUÑADO DE PIÑONES
- 1 MANZANA
- ACEITE
- 2 HUEVOS

Elaboración

Pela la morcilla, desmenúzala y fríela en una sartén con un pelín de aceite.

Pela y pica la manzana en cuadraditos. Añade la manzana a la sartén con la morcilla.

Incorpora unas pasas y unos piñones.

Bate ligeramente los huevos y, cuando la manzana esté tierna, añádelos a la sartén para que cuajen, moviendo continuamente.

Sirve el revuelto bien caliente.

22 MINUTOS

153

huevos

Tortilla de ajetes con bacalao

- 2 HUEVOS
- 200 G DE BACALAO DESALADO
- 1 BOTE DE AJETES EN CONSERVA
- GUINDILLA
- ACEITE DE OLIVA VIRGEN EXTRA
- SAL
- 1 TOMATE
- 1 BOTE DE SUCEDÁNEO DE CAVIAR

Elaboración

Pon el bacalao cubierto de aceite, con la parte de la piel para arriba, en una sartén y fríelo a fuego lento durante unos 6 minutos, evitando que el aceite llegue a hervir.

Sácalo, escúrrelo bien y sepáralo en láminas finas, ayudándote con un cuchillo y un tenedor. Fíjate bien, para que no se te cuele ninguna espina.

Pon una sartén a fuego lento con un poco de aceite, una pizca de guindilla y los brotes de ajos tiernos.

Añade las láminas de bacalao y sube el fuego un poco.

Pasado un minuto, incorpora los dos huevos batidos y salados. Revuélvelo bien, dale la vuelta y cuaja medio minuto por el otro lado, de manera que se forme una costra exterior y quede jugosa por dentro.

Sirve la tortilla acompañada de unas rodajas de tomate aliñadas con aceite, sal y sucedáneo de caviar.

22 MINUTOS

huevos

Tortilla julius

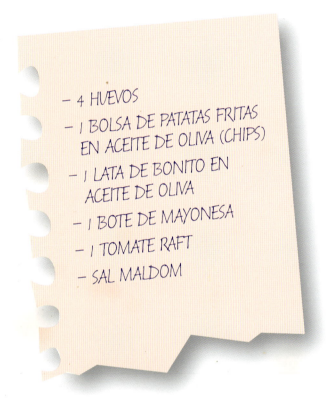

- 4 HUEVOS
- 1 BOLSA DE PATATAS FRITAS EN ACEITE DE OLIVA (CHIPS)
- 1 LATA DE BONITO EN ACEITE DE OLIVA
- 1 BOTE DE MAYONESA
- 1 TOMATE RAFT
- SAL MALDOM

Elaboración

Bate los huevos y añade las patatitas, rompiéndolas un poco con un tenedor, hasta que se rehidraten.

En una sartén bien caliente con una pizca de aceite, reparte la mezcla y haz dos tortillas finas.

Mezcla el bonito y la mayonesa, y colócalo sobre la primera tortilla.

Encima del bonito, coloca el tomate raft, cortado en rodajas muy finas, y sazona con un poco de sal maldom.

Pon encima la segunda tortilla y adorna con una ramita de romero.

22 MINUTOS

22 MINUTOS

PESCADOS Y MARISCOS

pescados y mariscos

Aguacate relleno de langostinos

- 1 AGUACATE MADURO
- 10 LANGOSTINOS COCIDOS
- 2 GAMBONES
- LECHUGA
- 1/2 CEBOLLA
- 1 BOTE DE MAYONESA
- 1 BOTE DE PEPINILLOS
- 1 CUCHARADA DE KETCHUP
- ZUMO DE NARANJA
- UN CHORRITO DE BRANDY

Elaboración

Pela los langostinos y pica las colas. Corta los pepinillos en rodajas.

Pica la cebolla muy fina y la lechuga en tiras.

Pon todos los ingredientes (menos los aguacates) en un recipiente y mézclalos bien.

Abre los aguacates por la mitad, retira la pulpa y córtala en dados. Rocía los trozos de aguacate con unas gotas de limón, para que no se oxiden. Mézclalos con el resto de los ingredientes.

Prepara una salsa rosa mezclando mayonesa, un chorrito de zumo de naranja, una cucharada de ketchup y un chorrito de brandy. Añádela a la mezcla.

Por último, rellena los aguacates con la elaboración anterior.

Haz los gambones a la plancha, con una cucharada de aceite y sal gorda.

Decora cada mitad de aguacate con un gambón.

pescados y mariscos

Brochetas de rape adobado

- 250 G DE RAPE LIMPIO EN DADOS
- 8 ESPÁRRAGOS TRIGUEROS «MINI»
- 1 CUCHARADITA DE SEMILLAS DE COMINO
- 1 CUCHARADITA DE CURRY MEDIO
- 1/2 CUCHARADITA DE CAYENA
- 1 CUCHARADITA DE SÉSAMO
- 1 DIENTE DE AJO PICADO FINO
- EL ZUMO DE 1 LIMA
- 1 HOJA DE LAUREL
- 1 CUCHARADITA DE PIMENTÓN
- 25 ML DE ACEITE DE OLIVA
- UNAS HOJAS DE SALVIA FRESCA
- SAL
- PIMIENTA

Elaboración

Mezcla todas las especias en un bol con el aceite y el zumo de lima e introduce el rape en dados.

Déjalo macerar durante 10 minutos.

Monta las brochetas intercalando hojas de salvia con el rape.

Fríe en una sartén con aceite a fuego fuerte y acompaña con unos espárragos trigueros, previamente salteados con una pizca de aceite y sal.

22 MINUTOS

pescados y mariscos

Bacalao con habitas

- 2 LOMOS DE BACALAO DESALADO
- 1 LATA DE HABITAS EN CONSERVA
- 1 CUCHARADA DE MOSTAZA
- 1 CUCHARADA DE VINAGRE DE JEREZ
- 6 HOJAS DE MENTA
- ACEITE DE OLIVA
- 1 TOMATE
- SAL

Elaboración

Haz una vinagreta, triturando la mostaza, el vinagre, las hojas de menta, el aceite de oliva y una pizca de sal.

Fríe el bacalao en una sartén con aceite. Sazona.

Pela el tomate y córtalo en dados.

Mezcla las habitas bien escurridas con la vinagreta y sirve como guarnición del bacalao.

Pon los trocitos de tomate alrededor del plato.

22 MINUTOS

Volován de gambas

Ingredientes
- 2 VOLOVANES, YA PREPARADOS
- 150 G DE GAMBAS PELADAS
- 1 CUCHARADITA DE HARINA
- 1/2 CEBOLLA
- 1 VASITO DE LECHE
- SAL
- PIMIENTA
- ACEITE
- 1 BOTE PEQUEÑO DE MAYONESA

Elaboración

Calienta la leche en el microondas. Pica la cebolla lo más fina que puedas y ponla en una sartén con aceite a pochar (fuego lento). Trocea las gambas y échalas cuando la cebolla esté transparente. Añade la harina e incorpora, poco a poco, la leche caliente. Cuece, moviendo continuamente, hasta que quede una crema. Salpimenta. Rellena los volovanes con esta mezcla y cúbrelos con un poco de mayonesa. Gratínalos en el horno y sácalos cuando estén dorados.

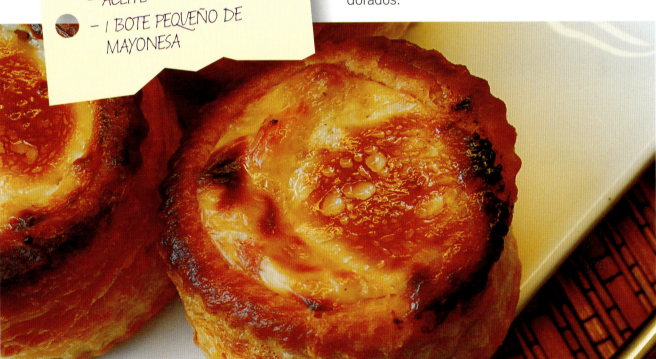

pescados y mariscos

Boquerones sorpresa

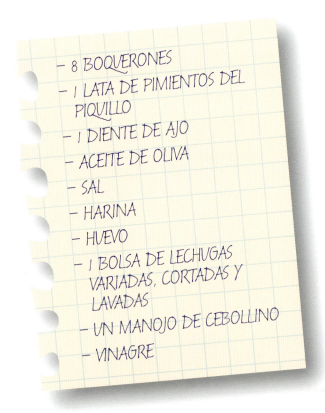

- 8 BOQUERONES
- 1 LATA DE PIMIENTOS DEL PIQUILLO
- 1 DIENTE DE AJO
- ACEITE DE OLIVA
- SAL
- HARINA
- HUEVO
- 1 BOLSA DE LECHUGAS VARIADAS, CORTADAS Y LAVADAS
- UN MANOJO DE CEBOLLINO
- VINAGRE

Elaboración

Lava bien los boquerones y quítales la espina. Sazónalos.

Corta en tiras finas los pimientos.

Introduce unas tiras de pimiento dentro de cada boquerón y pon otro boquerón encima. Rebózalos con harina y huevo. Puedes pincharlos con un palillo, para que no se te desmonten.

Fríelos en aceite bien caliente. Sácalos de la sartén y reserva sobre papel de cocina, para retirar el exceso de aceite.

Haz una vinagreta con aceite, vinagre, sal y cebollino muy picado. Aliña las lechugas y sírvelas como acompañamiento de los boquerones.

22 MINUTOS

pescados y mariscos

Cazuelita de berberechos y almejas

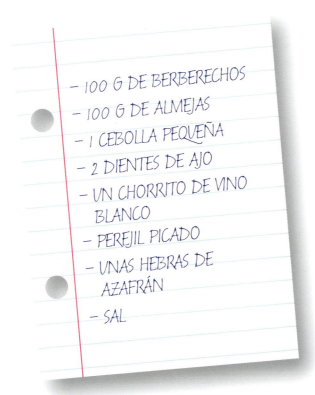

- 100 G DE BERBERECHOS
- 100 G DE ALMEJAS
- 1 CEBOLLA PEQUEÑA
- 2 DIENTES DE AJO
- UN CHORRITO DE VINO BLANCO
- PEREJIL PICADO
- UNAS HEBRAS DE AZAFRÁN
- SAL

Elaboración

Mete las almejas y los berberechos en agua con sal, para que vayan soltando toda la arena que puedan tener.

Pica finos la cebolla y el ajo, y póchalos (fuego suave) en una cazuelita de barro, con aceite, sal y un poco de perejil picado.

Cuando esté bastante pochada la cebolla, añade el azafrán y el vino blanco. Deja reducir y mete las almejas y los berberechos, sólo el tiempo suficiente para que se abran.

Sirve en la misma cazuelita, bien caliente.

22 MINUTOS

pescados y mariscos

Cola de rape con langostinos

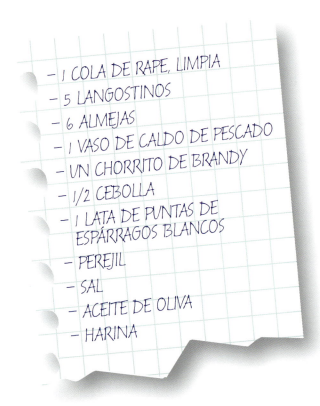

- 1 COLA DE RAPE, LIMPIA
- 5 LANGOSTINOS
- 6 ALMEJAS
- 1 VASO DE CALDO DE PESCADO
- UN CHORRITO DE BRANDY
- 1/2 CEBOLLA
- 1 LATA DE PUNTAS DE ESPÁRRAGOS BLANCOS
- PEREJIL
- SAL
- ACEITE DE OLIVA
- HARINA

Elaboración

Sazona la cola de rape y márcala en una sartén con un poco de aceite.

Pela los langostinos y reserva, por un lado, las colas y, por otro, las cabezas y los cuerpos.

Pica los ajos y la cebolla, y dóralos en otra sartén con aceite de oliva. Añade las cabezas y los cuerpos de los langostinos. Flambea con el brandy.

Añade una cucharada de harina, sofríe e incorpora el caldo de pescado y los espárragos. Deja hervir, sin parar de remover, hasta que adquiera consistencia de salsa. Prueba de sal y rectifica, si es necesario.

Tritura la salsa y pásala por el chino. Vuelve a ponerla al fuego.

En plato resistente al horno, pon la cola de rape, cúbrela con la salsa y añade las almejas y los cuerpos de los langostinos.

Hornea 5 minutos a máxima potencia, espolvorea con perejil picado, y listo.

pescados y mariscos

Dorada a la cerveza

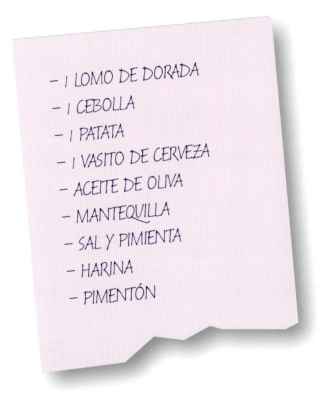

- 1 LOMO DE DORADA
- 1 CEBOLLA
- 1 PATATA
- 1 VASITO DE CERVEZA
- ACEITE DE OLIVA
- MANTEQUILLA
- SAL Y PIMIENTA
- HARINA
- PIMENTÓN

Elaboración

Pela las cebollas y córtalas en juliana fina.

Pela también la patata y córtala en rodajas finas.

Rehoga la cebolla con un poco de mantequilla y un poco de aceite en una sartén. Añade la patata y salpimenta.

Moja con la cerveza y deja cocer hasta que la salsa reduzca y la patata esté tierna.

Limpia bien la dorada, sazona y rebózala con harina mezclada con pimentón.

Fríe la dorada en otra sartén con aceite y termínala dentro de la salsa de cerveza.

Sirve la dorada con alguna hierba verde, para decorar.

pescados y mariscos

Fritata de pasta y trucha a la navarra con salsa de vino blanco

- 1 TRUCHA DE RACIÓN
- 2 LONCHAS MUY FINAS DE JAMÓN
- 1/2 CEBOLLA
- HARINA
- 1 VASITO DE VINO BLANCO
- 1 DIENTE DE AJO
- PEREJIL, TOMILLO Y ROMERO
- ACEITE DE OLIVA
- SAL
- PIMIENTA

PARA LA FRITATA:
- SOBRAS DE PASTA COCIDA DEL DÍA ANTERIOR (CONSÉRVALA EN LA NEVERA EN UN CUENCO CON AGUA)
- 2 HUEVOS
- 1/2 CEBOLLA
- UNA CUÑA DE QUESO PARMESANO PARA RALLAR
- SAL
- PIMIENTA

Elaboración

Corta la cebolla en juliana y pica el ajo.

Rehógalos en una sartén con aceite.

Abre la trucha bien limpia y mete dentro las lonchas de jamón. Salpimenta y pasa por harina.

Marca la trucha en una sartén. Sácala y reserva.

Incorpora el vino blanco con las hierbas picadas al sofrito de cebolla y deja reducir.

Termina la trucha en la salsa y deja a fuego lento unos minutos más.

La fritata es una forma de aprovechar la pasta que te ha sobrado del día anterior, así que sácala de la nevera y escúrrela bien.

Pica la cebolla y rehógala en una sartén con un poco de aceite.

Bate los huevos en un bol y salpimenta.

Echa la pasta escurrida y la cebolla dentro del bol. Añade queso rallado al gusto y mezcla todo bien.

Cuaja la mezcla en una sartén con un poco de aceite.

Sirve la fritata cortada en triángulos. Puedes tomarla sola o como guarnición de otro plato.

22 MINUTOS

175

pescados y mariscos

Hamburguesas de atún con berenjena y salsa de yogur

- 1/2 KG DE ATÚN
- 1 CEBOLLETA
- 1/2 AJO
- JENGIBRE EN POLVO
- 1 CUCHARADITA DE MOSTAZA
- SAL Y PIMIENTA
- HARINA
- 1 YEMA DE HUEVO
- 1/2 REBANADA DE PAN DE MOLDE EMPAPADA EN LECHE
- ACEITE DE OLIVA

PARA LA BERENJENA:
- 1 BERENJENA
- 1 CUCHARADA DE MAYONESA
- 1 CUCHARADA DE YOGUR NATURAL
- ACEITE DE OLIVA
- CILANTRO, PEREJIL Y ALBAHACA
- 1/2 AJO
- SAL
- PIMIENTA

Elaboración

Pica el atún, con un cuchillo bien afilado, lo más menudo que puedas. Pica también el ajo y la cebolleta.

Pon todo en un bol y añade la yema de huevo, una cucharadita de mostaza, una pizca de jengibre, sal y pimienta.

Por último, añade el pan remojado en leche y mezcla todo bien.

Forma varias hamburguesas pequeñas, pásalas por harina y fríelas en una sartén con aceite bien caliente. Reserva sobre papel de cocina, para retirar el exceso de aceite.

Corta la berenjena en rodajas.

En una sartén con aceite, fríe la berenjena. Salpimenta y reserva también sobre papel de cocina.

En el vaso de la batidora, tritura el ajo con el perejil, el cilantro, la albahaca, un poco de sal, pimienta y aceite. Pásalo a un bol e incorpora la mayonesa y el yogur. Mezcla todo bien.

Pon en un plato las hamburguesas y, como guarnición, la berenjena y la salsa de yogur.

pescados y mariscos

Mero a la parrilla con puré de plátano

- 2 FILETES DE MERO
- ACEITE DE OLIVA
- 2 PLÁTANOS
- 1 TOMATE
- 1/2 CEBOLLA
- 1 VASO DE CALDO DE VERDURAS
- SAL
- PIMIENTA
- UNA NUEZ DE MANTEQUILLA

Elaboración

Pela y trocea el plátano, el tomate y media cebolla.

En la olla exprés, rehoga la cebolla; luego, incorpora el plátano y el tomate. Sazona.

Cubre con el caldo y cierra la olla durante unos 7 minutos. Tritura el puré con un poco de mantequilla fundida. (Fúndela en el microondas.)

Haz el mero, salpimentado, a la parrilla.

Sirve el mero con el puré de plátano como guarnición.

22 MINUTOS

Jurel con salsa de grosellas

- 1 JUREL DE RACIÓN
- 150 G DE GROSELLAS
- 1/2 CEBOLLA
- 1 DIENTE DE AJO
- UNA NUEZ DE MANTEQUILLA
- UN CHORRITO DE VINO BLANCO SECO
- PEREJIL PICADO
- SAL
- PIMIENTA

Elaboración

Marca el jurel en una sartén con una cucharada de aceite. Sazona.

Tritura las grosellas, reservando unas pocas para decorar. Cuela el jugo obtenido.

Pela y pica la cebolla y el ajo. Rehógalos en una sartén con mantequilla, a fuego medio.

Añade el vino blanco y el jugo de grosellas. Salpimenta.

Sirve el jurel con la salsa y decora con unas grosellas enteras y un poco de perejil picado.

pescados y mariscos

Lenguado a la naranja

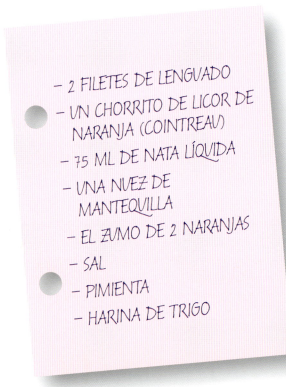

- 2 FILETES DE LENGUADO
- UN CHORRITO DE LICOR DE NARANJA (COINTREAU)
- 75 ML DE NATA LÍQUIDA
- UNA NUEZ DE MANTEQUILLA
- EL ZUMO DE 2 NARANJAS
- SAL
- PIMIENTA
- HARINA DE TRIGO

Elaboración

Salpimenta los filetes de lenguado y pásalos por harina.

Funde la mantequilla en una sartén y marca los lenguados. Añade el licor y flambea.

Retira el pescado de la sartén y reserva.

Haz una mezcla con el zumo de las naranjas y la nata líquida, en esa misma sartén, sin dejar de remover.

Cuando empiece a hervir, mete de nuevo el pescado y deja reducir unos minutos la salsa.

Puedes acompañar este plato con unas judías verdes en conserva, salteadas con ajo picado.

22 MINUTOS

181

pescados y mariscos

Lenguado con salsa de carabineros

- 2 FILETES DE LENGUADO
- 3 CARABINEROS
- 1 BOTE DE CEBOLLA CONFITADA (TAMBIÉN PUEDES CONFITARLA TÚ)
- UN CHORRITO DE BRANDY
- 1 PUERRO
- 1 ZANAHORIA
- UN CHORRITO DE VINO BLANCO
- SAL
- PIMIENTA
- ACEITE DE OLIVA

Elaboración

Lava los filetes de lenguado, sécalos bien y salpimenta ligeramente. Enróllalos sobre sí mismos formando rollitos y colócalos de pie en una fuente para horno. Riégalos con el vino y métetelos en el horno durante 8-10 minutos.

Pela dos carabineros y reserva las colas.

Pica las verduras y rehógalas en una sartén con aceite. Añade la cebolla confitada y las cabezas y cuerpos de los carabineros.

Incorpora el brandy y un chorrito de agua o caldo de pescado, y deja reducir.

Haz los dos carabineros pelados a la plancha, con una cucharada de aceite y sal. El tercer carabinero, hazlo entero a la plancha y reserva para decorar.

Tritura la salsa y pásala por el chino.

Saca los rollitos de lenguado del horno y ponlos en un plato con las colas de carabinero. Báñalos con la salsa y decora con el carabinero entero a la plancha.

22 MINUTOS

pescados y mariscos

Lubina con vinagreta templada de cilantro y almejas

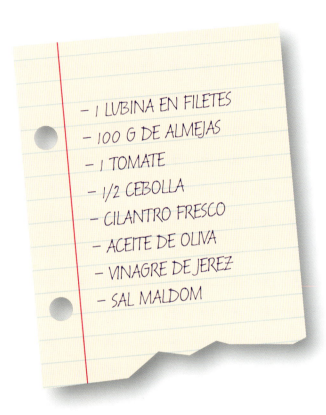

- 1 LUBINA EN FILETES
- 100 G DE ALMEJAS
- 1 TOMATE
- 1/2 CEBOLLA
- CILANTRO FRESCO
- ACEITE DE OLIVA
- VINAGRE DE JEREZ
- SAL MALDOM

Elaboración

Pica finamente la cebolla y trocea el tomate en dados.

Saltea las verduras en una sartén con un poco de aceite y sal. Añade cilantro picado.

Prepara la vinagreta, mezclando el salteado con aceite y vinagre.

Haz los filetes de lubina, vuelta y vuelta, a la plancha con un poco de sal. (Que no se hagan del todo, porque los terminarás en el horno).

Pon el pescado en una bandeja de horno, cubre con la vinagreta y coloca las almejas alrededor.

Termina de cocinar unos minutos en el horno a 180 °C.

22 MINUTOS

pescados y mariscos

Merluza a la sidra con azafrán

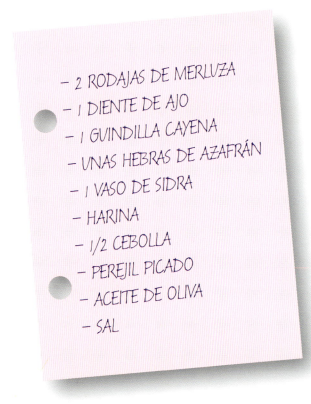

- 2 RODAJAS DE MERLUZA
- 1 DIENTE DE AJO
- 1 GUINDILLA CAYENA
- UNAS HEBRAS DE AZAFRÁN
- 1 VASO DE SIDRA
- HARINA
- 1/2 CEBOLLA
- PEREJIL PICADO
- ACEITE DE OLIVA
- SAL

Elaboración

Pica la cebolla y el ajo.

Calienta el aceite en una cazuela de barro y rehoga a fuego suave la cebolla, el ajo y la guindilla, hasta que la cebolla esté transparente.

Incorpora el perejil picado y sigue rehogando hasta que la cebolla y el ajo comiencen a dorarse.

Lava las rodajas de merluza, sécalas y sazónalas. Pásalas por harina sólo por un lado. Ponlas, con la parte enharinada para abajo, en la cazuela.

Riega con la sidra y espolvorea con el azafrán. Cocina a fuego lento 5-6 minutos, según el grosor de la merluza, hasta que la salsa ligue, moviendo la cazuela de vez en cuando, y listo.

22 MINUTOS

pescados y mariscos

Merluza con picada de frutos secos y mazorca de maíz

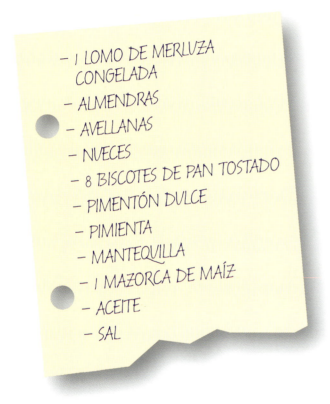

- 1 LOMO DE MERLUZA CONGELADA
- ALMENDRAS
- AVELLANAS
- NUECES
- 8 BISCOTES DE PAN TOSTADO
- PIMENTÓN DULCE
- PIMIENTA
- MANTEQUILLA
- 1 MAZORCA DE MAÍZ
- ACEITE
- SAL

Elaboración

Marca la merluza en una sartén y reserva.

Tritura con la batidora los frutos secos, los biscotes, el pimentón, un chorro de aceite, sal y pimienta, hasta conseguir una pasta.

Coloca la merluza en una fuente de horno con esta pasta por encima y hornea durante 7-8 minutos a 180 ºC.

Mientras tanto, dora la mazorca de maíz en una sartén con mantequilla.

Saca la merluza del horno y sírvela con la mazorca de maíz como guarnición.

22 MINUTOS

pescados y mariscos

Merluza en salsa de setas

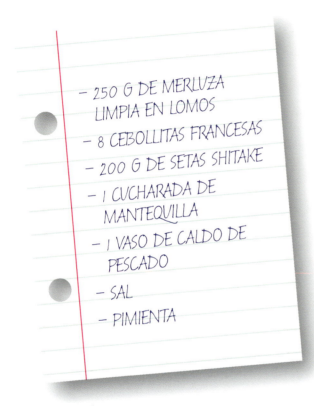

- 250 G DE MERLUZA LIMPIA EN LOMOS
- 8 CEBOLLITAS FRANCESAS
- 200 G DE SETAS SHITAKE
- 1 CUCHARADA DE MANTEQUILLA
- 1 VASO DE CALDO DE PESCADO
- SAL
- PIMIENTA

Elaboración

Pon agua a hervir para blanquear las cebollitas (3 minutos). Escúrrelas y refresca con agua para poder pelarlas sin quemarte. El blanqueado hace que se pelen con más facilidad.

Marca la merluza en una sartén con un poco de aceite. Sazona y reserva.

Echa las cebollitas en esa misma sartén y, cuando estén doradas, añade mantequilla y las setas cortadas en láminas. Salpimenta.

Incorpora el caldo de pescado y deja reducir.

Termina la merluza en la salsa a fuego suave durante unos minutos. Espolvorea un poco de perejil picado, y listo.

22 MINUTOS

pescados y mariscos

Navajas escabechadas con mirim

- NAVAJAS FRESCAS
- 1/2 PIMIENTO ROJO
- 1/2 PIMIENTO VERDE
- 1/2 CEBOLLA EN JULIANA
- 1 ZANAHORIA RALLADA
- 50 CL DE VINAGRE DE ARROZ MIRIM
- 50 ML DE ACEITE DE OLIVA
- UN PIZCA DE JENGIBRE EN POLVO
- SAL Y PIMIENTA NEGRA

Elaboración

Saltea todas las verduras, cortadas en juliana, en una sartén con aceite a fuego vivo.

Introduce las navajas bien limpias y, a continuación, el vinagre mirim y el jengibre en polvo. Salpimenta.

Cuando empiecen a abrirse las navajas, apaga el fuego y déjalo reposar 10-15 minutos. En ese momento, el plato estará listo.

Sepionas encebolladas

22 MINUTOS

- 1 CEBOLLA GRANDE
- 300 G DE SEPIONAS (SEPIAS PEQUEÑITAS)
- 1 DIENTE DE AJO
- ACEITE DE OLIVA
- 1/2 CUCHARADITA DE PIMENTÓN DULCE
- 1/2 CUCHARADITA DE PIMENTÓN PICANTE
- SAL

Elaboración

Corta la cebolla en juliana y pica el ajo.

Rehógalos en una cazuela con aceite. Cuando la cebolla esté transparente, agrega las sepionas bien limpias y cocina unos 10 minutos a fuego medio.

Transcurrido este tiempo, haz un sofrito en una sartén pequeña con aceite y pimentón dulce y picante. Añade el sofrito muy caliente a las sepionas.

Deja a fuego lento unos minutos más.

pescados y mariscos

Pimientos del piquillo rellenos de queso de tetilla con bacalao al falso pil-pil

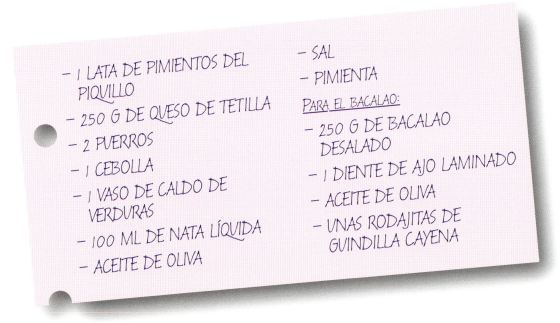

- 1 LATA DE PIMIENTOS DEL PIQUILLO
- 250 G DE QUESO DE TETILLA
- 2 PUERROS
- 1 CEBOLLA
- 1 VASO DE CALDO DE VERDURAS
- 100 ML DE NATA LÍQUIDA
- ACEITE DE OLIVA
- SAL
- PIMIENTA

PARA EL BACALAO:
- 250 G DE BACALAO DESALADO
- 1 DIENTE DE AJO LAMINADO
- ACEITE DE OLIVA
- UNAS RODAJITAS DE GUINDILLA CAYENA

Elaboración

Abre la lata de pimientos para que se vayan aireando y selecciona los que más te gusten y que no estén rotos para rellenar.

En una sartén con aceite, sofríe el puerro y salpimenta. Cuando esté dorado, añade el queso de tetilla cortado en trozos pequeños.

Incorpora un buen chorrito de nata líquida. Deja que la mezcla ligue bien y espese. Rellena los pimientos con la mezcla y sujétalos con un palillo para que no se escape el relleno.

En una sartén con aceite, dora un poco de cebolla. Cuando esté lista, añade un par de pimientos y un poco de caldo. Cocina unos minutos a fuego moderado y, luego, tritura.

Reserva los pimientos y su salsa.

Empieza con el bacalao, dorando los ajos con la guindilla, en una sartén, sin que se quemen. Sácalos y reserva. Mete el bacalao con la piel hacia arriba, a muy baja temperatura, hasta que suelte un líquido viscoso (gelatina).

Cuando haya una buena cantidad de gelatina, dale la vuelta al bacalao y déjalo 1 minuto más. Sácalo de la sartén (todo esto sin dejar de remover la sartén en forma circular) y reserva.

Termina de ligar el pil-pil, moviendo con fuerza en círculos la salsa con la ayuda de un colador o una varilla. Sirve en un plato con el ajo y la guindilla reservados, encima del bacalao.

22 MINUTOS

pescados y mariscos

Rodaballo a la mantequilla con berenjena cremosa

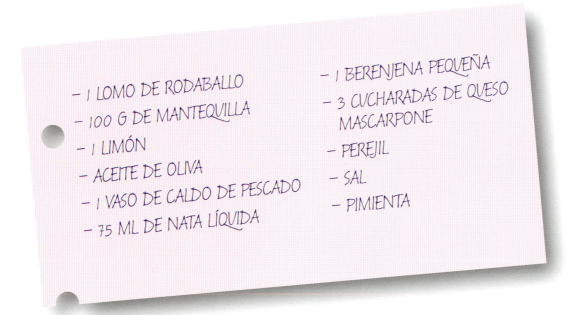

- 1 LOMO DE RODABALLO
- 100 G DE MANTEQUILLA
- 1 LIMÓN
- ACEITE DE OLIVA
- 1 VASO DE CALDO DE PESCADO
- 75 ML DE NATA LÍQUIDA
- 1 BERENJENA PEQUEÑA
- 3 CUCHARADAS DE QUESO MASCARPONE
- PEREJIL
- SAL
- PIMIENTA

Elaboración

Pica el perejil y exprime el limón.

En una sartén a fuego moderado, mezcla el caldo de pescado con el perejil picado y el zumo de limón. Deja reducir hasta la mitad.

Añade un chorrito de nata líquida y deja que espese. Incorpora, poco a poco, trozos de mantequilla (reservar un poco) y deshazlos con la varilla.

Parte la berenjena por la mitad y escáldala en agua hirviendo durante 1 minuto.

Saca la pulpa de la berenjena y saltéala en una sartén con mantequilla, sal y pimienta. Reserva una de las mitades de la piel.

Tritura la berenjena con la batidora hasta obtener una pasta y mézclala bien con el Mascarpone. Monta un poco de nata líquida, batiéndola con fuerza, e incorpora a la mezcla.

Rellena la piel de la berenjena con esta mezcla.

Marca el rodaballo, salpimentado, en una sartén con aceite muy caliente, con la piel hacia arriba, y dale la vuelta.

Termina el pescado en la salsa. Sirve el rodaballo con la berenjena rellena como guarnición.

22 MINUTOS

pescados y mariscos

Rollitos de salmón ahumado

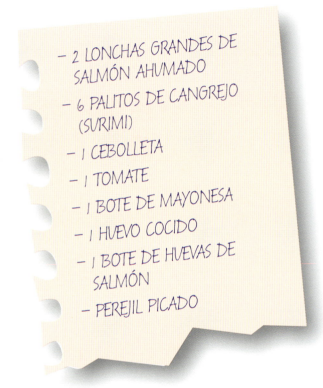

- 2 LONCHAS GRANDES DE SALMÓN AHUMADO
- 6 PALITOS DE CANGREJO (SURIMI)
- 1 CEBOLLETA
- 1 TOMATE
- 1 BOTE DE MAYONESA
- 1 HUEVO COCIDO
- 1 BOTE DE HUEVAS DE SALMÓN
- PEREJIL PICADO

Elaboración

Pon a cocer un huevo en un cazo con agua hirviendo durante 10-11 minutos.

Picar muy menudos los palitos de cangrejo, el huevo cocido y la cebolleta.

Mezcla todo con un poco de mayonesa.

Corta el tomate en rodajas muy finas.

Pon una cama de tomate en el plato.

Rellena las lonchas de salmón ahumado con la mezcla de cangrejo, cebolleta y huevo.

Enróllalas y colócalas encima de las rodajas de tomate. Pon encima de cada rollito una línea de mayonesa, espolvorea un poco de perejil picado y decora con las huevas de salmón.

22 MINUTOS

pescados y mariscos

Salmón gratinado

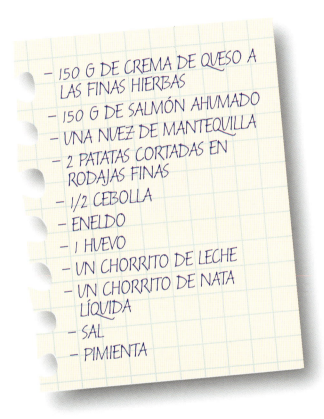

- 150 G DE CREMA DE QUESO A LAS FINAS HIERBAS
- 150 G DE SALMÓN AHUMADO
- UNA NUEZ DE MANTEQUILLA
- 2 PATATAS CORTADAS EN RODAJAS FINAS
- 1/2 CEBOLLA
- ENELDO
- 1 HUEVO
- UN CHORRITO DE LECHE
- UN CHORRITO DE NATA LÍQUIDA
- SAL
- PIMIENTA

Elaboración

Bate el huevo con el queso, la leche y la nata. Salpimenta y reserva la mezcla.

Pela las patatas y córtalas en rodajas finas. La cebolla, córtala en aros.

Fríe las patatas y los aros de cebolla en una sartén con aceite, sin que lleguen a hacerse del todo.

Engrasa con mantequilla un molde pequeño y pon en el fondo una capa de salmón; encima, una de patatas sazonadas con eneldo, sal, pimienta y los aros de cebolla.

Por último, vierte la mezcla de queso. Hornea a 210 °C unos 7 minutos.

Deja enfriar un poco y desmolda. Decora con una ramita de eneldo, y listo.

22 MINUTOS

pescados y mariscos

Sashimi de salmón con ensalada de rúcula y nueces

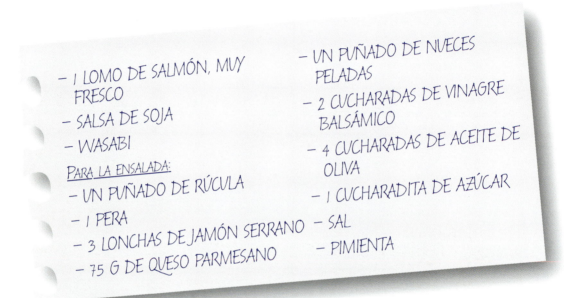

- 1 LOMO DE SALMÓN, MUY FRESCO
- SALSA DE SOJA
- WASABI

PARA LA ENSALADA:
- UN PUÑADO DE RÚCULA
- 1 PERA
- 3 LONCHAS DE JAMÓN SERRANO
- 75 G DE QUESO PARMESANO
- UN PUÑADO DE NUECES PELADAS
- 2 CUCHARADAS DE VINAGRE BALSÁMICO
- 4 CUCHARADAS DE ACEITE DE OLIVA
- 1 CUCHARADITA DE AZÚCAR
- SAL
- PIMIENTA

Elaboración

Corta en tiras el jamón.

Pela la pera y córtala en láminas.

Prepara una vinagreta con las nueces picadas, el azúcar, el vinagre, el aceite, la sal y la pimienta.

Pon la rúcula en el plato y añade la pera y el jamón. Adereza con la vinagreta. Corta en lascas el queso parmesano y pónselo por encima.

Limpia bien el salmón y córtalo en láminas gruesas para el sashimi. Déjalo macerar unos minutos en una mezcla de salsa de soja y wasabi.

Sirve el sashimi de salmón, con la ensalada como guarnición.

22 MINUTOS

203

pescados y mariscos

Vieiras gratinadas

- 2 VIEIRAS CON SU CONCHA
- 100 G DE JAMÓN, EN TAQUITOS
- 100 G DE CHAMPIÑONES
- 1/2 CEBOLLA
- 2 CUCHARADAS DE SALSA DE TOMATE
- ACEITE DE OLIVA
- 1 VASITO DE CALDO DE PESCADO
- PAN RALLADO
- 1/2 VASO DE VINO BLANCO
- SAL
- ACEITE

Elaboración

Limpia las vieiras y las conchas. Trocea las vieras en cuadraditos y reserva.

Limpia y corta los champiñones en láminas.

Pica la cebolla muy fina.

Pon a calentar aceite de oliva en una sartén y pocha la cebolla.

Cuando esté casi lista y un poco dorada, añade los champiñones y el jamón. Rehoga.

Añade las vieiras y sigue rehogando hasta que ablanden.

Echa la salsa de tomate, un vaso de caldo de pescado y medio vaso de vino blanco. Deja reducir hasta que la salsa quede un poco espesa.

Llena las conchas de vieira con esta mezcla. Espolvorea con pan rallado.

Hornea las vieiras de 3 a 5 minutos en el horno a 180 °C.

22 MINUTOS

pescados y mariscos

Vieiras y espárragos verdes con queso tronchón

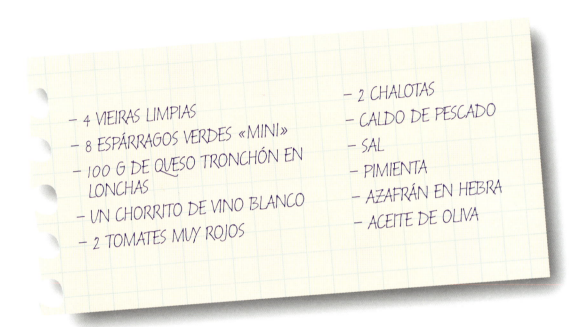

- 4 VIEIRAS LIMPIAS
- 8 ESPÁRRAGOS VERDES «MINI»
- 100 G DE QUESO TRONCHÓN EN LONCHAS
- UN CHORRITO DE VINO BLANCO
- 2 TOMATES MUY ROJOS
- 2 CHALOTAS
- CALDO DE PESCADO
- SAL
- PIMIENTA
- AZAFRÁN EN HEBRA
- ACEITE DE OLIVA

Elaboración

Escalda los tomates en agua hirviendo durante medio minuto y pélalos.

Pela y pica muy menuda las chalotas.

Rehoga las vieiras con las chalotas picadas en una sartén con mantequilla. Añade un chorrito de vino blanco y deja que reduzca. Incorpora el caldo y añade el azafrán. Cocina a fuego suave unos 5 minutos.

Haz los espárragos verdes a la plancha con aceite de oliva y sal gorda.

Tritura los tomates salpimentados con unas gotas de aceite.

Coloca las vieiras con la salsa en el medio de un plato resistente al horno. Alrededor, pon los espárragos, la salsa de tomate y, por último, cubre con las lonchas de queso. Mete en el horno unos minutos, a máxima potencia, hasta que el queso se funda.

22 MINUTOS

22 MINUTOS

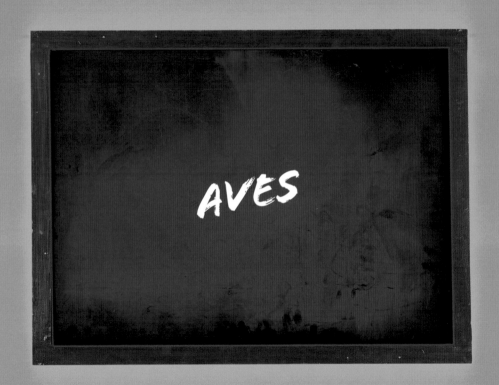

AVES

aves

Fajitas de pollo con fríjoles y salsa picante

- 2 TORTILLAS DE MAÍZ YA PREPARADAS
- 200 G DE PECHUGA DE POLLO
- 1/2 PIMIENTO ROJO
- 1/2 PIMIENTO VERDE
- 1/2 CEBOLLA, EN JULIANA
- 1 LATA DE FRIJOLES EN CONSERVA + MOLE
- SAL, PIMIENTA Y ACEITE DE OLIVA

PARA LA SALSA:
- 2 GUINDILLAS
- 1 TOMATE MUY MADURO
- 1 CUCHARADITA DE PULPA DE PIMIENTO CHORICERO
- 25 ML DE ACEITE DE OLIVA
- 1/2 CEBOLLITA TIERNA
- SAL

Elaboración

Mezcla todos los ingredientes de la salsa en el vaso de la batidora y tritura. Deja reposar unos minutos antes de servir.

Saltea el pollo en un wok. Cuando esté dorado, incorpora todos los ingredientes, salvo los frijoles, sin que se hagan demasiado.

Añade los frijoles y un par de cucharadas de mole. Mézclalo todo bien en el wok, durante unos minutos más.

Calienta las tortillas en una sartén.

Coloca el salteado de pollo y verduras encima de las tortillas. Pon un poco de salsa picante por encima, enróllalas; y listo.

22 MINUTOS

aves

Filetes de pavo con salsa de champiñones

- 2 FILETES DE PAVO
- 200 G DE CHAMPIÑONES
- 1/2 CEBOLLA
- 1 PUERRO
- 1 DIENTE DE AJO
- UNA NUEZ DE MANTEQUILLA
- UN CHORRITO DE LECHE DE SOJA
- 1 CUCHARADA DE HARINA
- SAL
- PIMIENTA
- UN PUÑADO DE ÑOQUIS

Elaboración

Cuece los ñoquis en agua hirviendo con sal y aceite, siguiendo las indicaciones del fabricante.

Limpia los champiñones y trocéalos.

Pica también la cebolla, el ajo y el puerro.

Derrite un poco de mantequilla en una sartén y marca los filetes. Reserva.

En esa misma sartén, echa la cebolla, el ajo y el puerro y cocina unos minutos a fuego medio, hasta que las verduras estén doradas.

Echa la cucharada de harina y añade los champiñones y la leche de soja.

Da un hervor a esta salsa, sin dejar de remover. Salpimenta.

Tritura sólo la mitad de la salsa y pásala por el chino.

Termina los filetes en la sartén de la salsa, un par de minutos.

Sirve los filetes con la salsa sin pasar y acompaña con los ñoquis, salseados con la triturada.

22 MINUTOS

aves

Kebab de pollo

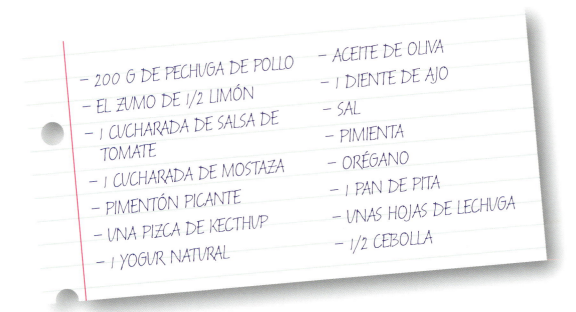

- 200 G DE PECHUGA DE POLLO
- EL ZUMO DE 1/2 LIMÓN
- 1 CUCHARADA DE SALSA DE TOMATE
- 1 CUCHARADA DE MOSTAZA
- PIMENTÓN PICANTE
- UNA PIZCA DE KECTHUP
- 1 YOGUR NATURAL
- ACEITE DE OLIVA
- 1 DIENTE DE AJO
- SAL
- PIMIENTA
- ORÉGANO
- 1 PAN DE PITA
- UNAS HOJAS DE LECHUGA
- 1/2 CEBOLLA

Elaboración

Mezcla el ajo picado con aceite de oliva, el zumo de medio limón, vinagre, sal, salsa de tomate, mostaza, pimienta y orégano. Bate bien con la batidora.

Corta la carne de pollo en tiras e introdúcelas en el marinado. Déjalo unos minutos, para que absorba bien los sabores.

Corta en tiras la lechuga y la cebolla.

Saca el pollo del marinado y hazlo a la plancha.

Prepara una salsa con yogur, ketchup, mostaza y pimentón picante.

Mete el pollo en el pan de pita, con la cebolla y la lechuga. Salsea, y listo.

22 MINUTOS

aves

Lomitos de avestruz con puré de avellana y mermelada de arándanos

- 2 LOMITOS DE AVESTRUZ
- COPOS DE PURÉ DE PATATA
- 1/4 LITRO DE LECHE
- UNA NUEZ DE MANTEQUILLA
- UN PUÑADO DE AVELLANAS PICADAS
- ACEITE DE OLIVA
- SAL
- PIMIENTA
- 150 G DE ARÁNDANOS (TAMBIÉN PUEDES UTILIZAR MERMELADA DE ARÁNDANOS DE BOTE)
- 2 CUCHARADAS DE AZÚCAR

Elaboración

Prepara el puré de patata con los copos, la leche y la mantequilla, siguiendo las indicaciones del fabricante. Salpimenta y añade las avellanas picadas.

Pon en un cazo a fuego medio los arándanos con el azúcar y un chorrito de agua. Deja cocer unos minutos y tritura. Pásalo por el chino.

Salpimenta los lomitos de avestruz y hazlos a la plancha.

Sirve los lomitos con el puré y la salsa de arándanos.

aves

Magret de pato con frutos rojos

- 1 MAGRET DE PATO
- UN PUÑADO DE FRAMBUESAS (O FRUTOS ROJOS AL GUSTO)
- UN CHORRITO DE VINO DULCE
- ACEITE DE OLIVA
- SAL
- PIMIENTA
- 1 CUCHARADA DE AZÚCAR
- UN PUÑADO DE ALMENDRAS PICADAS
- 200 G DE CALABAZA
- 1 VASO DE CALDO DE VERDURAS

Elaboración

Mete a cocer en la olla la calabaza con el caldo.

Saltea los frutos rojos con una cucharada de aceite. Añade el vino dulce y deja reducir con el azúcar.

Haz unas incisiones con un cuchillo en el lado de la grasa del magret, en forma de cruz. Calienta una sartén y cocínalo a fuego vivo, dejando rosado el interior.

Abre la olla y tritura el puré de calabaza. Añade las almendras picadas.

Corta el magret en filetes y salpiméntalos.

Tritura la salsa de frutos rojos y pásala por el chino.

Sirve los filetes de magret con el puré de calabaza como guarnición y salsea con los frutos rojos.

aves

Pollo satay con arroz

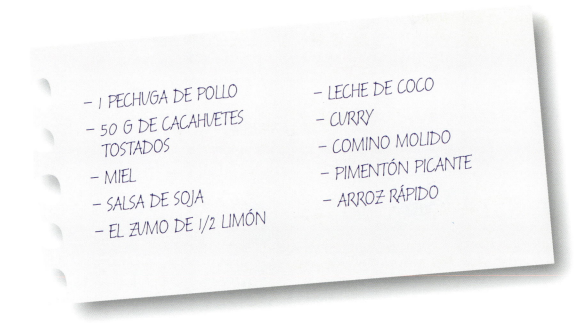

- 1 PECHUGA DE POLLO
- 50 G DE CACAHUETES TOSTADOS
- MIEL
- SALSA DE SOJA
- EL ZUMO DE 1/2 LIMÓN
- LECHE DE COCO
- CURRY
- COMINO MOLIDO
- PIMENTÓN PICANTE
- ARROZ RÁPIDO

Elaboración

Cuece el arroz en agua con sal y un chorrito de aceite, siguiendo las indicaciones del fabricante.

Corta el pollo en tiras y ponlo a marinar con un poco de salsa de soja y el zumo de medio limón.

Mezcla bien los cacahuetes troceados con curry, pimentón picante, salsa de soja y comino molido. Saltea esta mezcla en una sartén con una cucharada de aceite.

Añade la leche de coco y cocina unos minutos a fuego moderado. Incorpora una cucharada de miel.

Escurre bien el pollo y saltéalo en una sartén con un poco de aceite.

Una vez que el pollo esté dorado, incorpóralo a la salsa y déjalo unos minutos al mínimo, para que el pollo absorba bien todos los sabores.

Sirve el pollo con el arroz como guarnición.

aves

Salteado cremoso de setas con delicias de pollo y arroz basmati

- 1 BOTE DE SETAS VARIADAS EN CONSERVA
- 200 G DE SOLOMILLOS DE POLLO (ES UNA PARTE DE LA PECHUGA)
- 1 YEMA DE HUEVO
- UNAS RAMITAS DE CEBOLLINO
- SAL
- PIMIENTA
- ACEITE DE OLIVA
- 75 ML DE NATA LÍQUIDA
- 1 MEDIDA DE ARROZ BASMATI
- 1 LITRO DE CALDO DE VERDURAS

Elaboración

Pon el arroz a cocer con el caldo y el cebollino picado, siguiendo las indicaciones del fabricante.

Corta el pollo en tiras o dados.

Saltea las setas con el pollo en una sartén con aceite y salpimenta. Añade un poco de nata líquida, lo justo para que el salteado quede cremoso, no en salsa.

Añade una yema de huevo en crudo al salteado y remueve bien en el fuego.

Sirve el salteado cremoso y acompaña con el arroz basmati.

aves

Confit de pato con salsa de melocotón

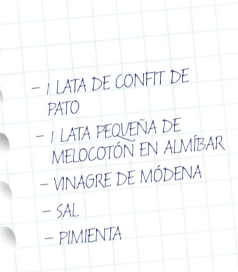

- 1 LATA DE CONFIT DE PATO
- 1 LATA PEQUEÑA DE MELOCOTÓN EN ALMÍBAR
- VINAGRE DE MÓDENA
- SAL
- PIMIENTA

Elaboración

Pon el horno a calentar.

Saca el confit de la lata y hornéalo con su grasa durante 10 minutos a 220 ºC.

Tritura los melocotones con vinagre, sal y pimienta.

Sirve el confit muy caliente, escurriendo bien la grasa, y acompaña con la salsa de melocotón.

Salteado de pavo con mango

Elaboración

Pela el mango y trocéalo en dados.

Salpimenta los filetes de pavo.

Calienta aceite en una sartén y marca el pavo a fuego fuerte. Reserva.

Pon, en esa misma sartén, un poco de vino y deja reducir. Añade un poco de caldo, el jengibre y deja reducir unos minutos más.

Añade el mango y déjalo unos minutos más.

Termina el pavo dentro de la salsa.

- 1/2 MANGO
- 200 G DE PECHUGA DE PAVO EN FILETES PEQUEÑOS
- SAL
- PIMIENTA
- UN CHORRITO DE VINO BLANCO
- 1 VASITO DE CALDO DE AVE
- ACEITE
- JENGIBRE EN POLVO

aves

Stroganoff de pavo

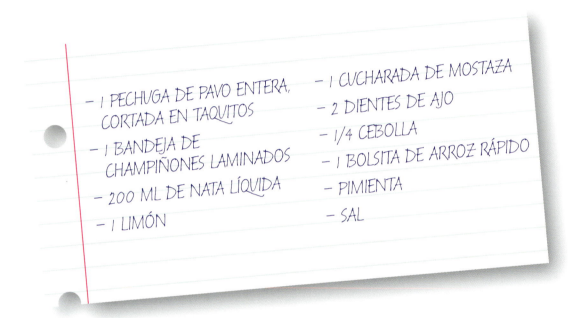

- 1 PECHUGA DE PAVO ENTERA, CORTADA EN TAQUITOS
- 1 BANDEJA DE CHAMPIÑONES LAMINADOS
- 200 ML DE NATA LÍQUIDA
- 1 LIMÓN
- 1 CUCHARADA DE MOSTAZA
- 2 DIENTES DE AJO
- 1/4 CEBOLLA
- 1 BOLSITA DE ARROZ RÁPIDO
- PIMIENTA
- SAL

Elaboración

Pon a cocer el arroz en un cazo con un chorro de aceite y un diente de ajo pelado y entero. (Para los tiempos del arroz, sigue las indicaciones de cada fabricante).

En una cazuela grande, dora un diente de ajo y la cebolla, todo muy picado.

Cuando esté bien dorado, echa el pavo en taquitos y los champiñones con un poco de sal y pimienta.

Una vez que el pavo se haya hecho, añade la nata líquida muy poco a poco.

Incorpora la mostaza y unas gotas de limón. Mezcla bien y deja unos minutos más a fuego suave.

Sirve el guiso con el arroz como guarnición.

22 MINUTOS

aves

Wok de pollo con almendras y bambú

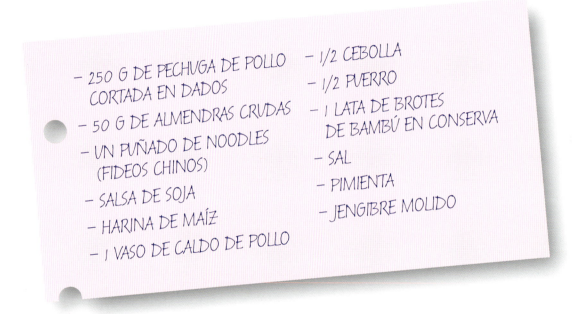

- 250 G DE PECHUGA DE POLLO CORTADA EN DADOS
- 50 G DE ALMENDRAS CRUDAS
- UN PUÑADO DE NOODLES (FIDEOS CHINOS)
- SALSA DE SOJA
- HARINA DE MAÍZ
- 1 VASO DE CALDO DE POLLO
- 1/2 CEBOLLA
- 1/2 PUERRO
- 1 LATA DE BROTES DE BAMBÚ EN CONSERVA
- SAL
- PIMIENTA
- JENGIBRE MOLIDO

Elaboración

Pica la cebolla y el puerro en juliana.

Calienta aceite en una sartén pequeña y fríe las almendras, moviéndolas continuamente para que no se quemen, hasta que estén doradas. Reserva sobre papel de cocina, para retirar el exceso de aceite.

Mezcla bien la salsa de soja con la harina de maíz hasta obtener una pasta fina. Introduce el pollo en esta mezcla durante unos minutos para que se impregne bien.

En el wok, calienta un poco del aceite usado para tostar las almendras y saltea el pollo a fuego vivo.

Añade la cebolla y el puerro. Saltea unos minutos e incorpora los brotes de bambú. Echa un poco de sal, jengibre al gusto y cubre con el caldo de pollo. Agrega los noodles, tapa el wok y cocina unos minutos hasta que los noodles estén bien hechos.

En el último momento, añade las almendras.

22 MINUTOS

22 MINUTOS

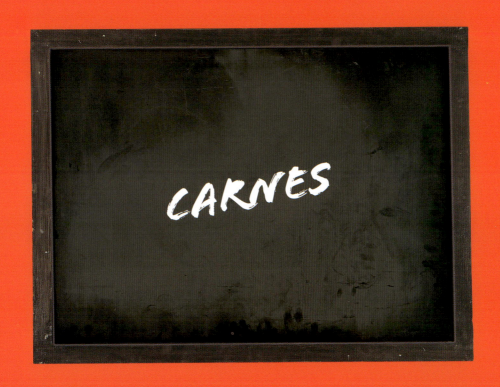

carnes

Albóndigas con sepia

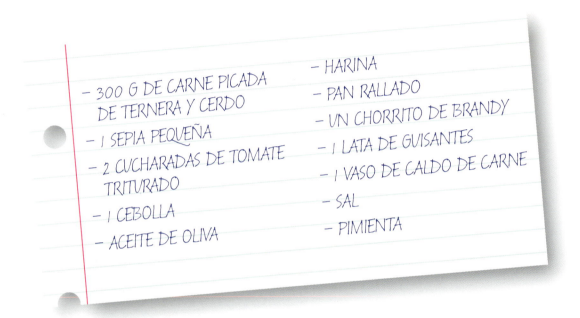

- 300 G DE CARNE PICADA DE TERNERA Y CERDO
- 1 SEPIA PEQUEÑA
- 2 CUCHARADAS DE TOMATE TRITURADO
- 1 CEBOLLA
- ACEITE DE OLIVA
- HARINA
- PAN RALLADO
- UN CHORRITO DE BRANDY
- 1 LATA DE GUISANTES
- 1 VASO DE CALDO DE CARNE
- SAL
- PIMIENTA

Elaboración

Mezcla en un bol los dos tipos de carne. Salpimenta y forma albóndigas con la mezcla.

Rebózalas con harina, huevo y pan rallado. Fríelas en una sartén con aceite, no demasiado caliente, para que se hagan bien por dentro y no se te queme el rebozado. Resérvalas sobre papel de cocina, para retirar el exceso de aceite.

En otra sartén, pocha la cebolla con aceite y, cuando esté transparente, añade la sepia picada en trozos pequeños.

Incorpora el brandy y deja reducir.

Añade 2 cucharadas de tomate triturado y 1 cucharada de azúcar. Echa también el caldo.

Cuando hierva, añade las albóndigas y los guisantes. Cocina unos minutos más a fuego suave, y listo.

22 MINUTOS

carnes

Albóndigas de ternera con salsa de curry

- 350 G DE CARNE PICADA DE TERNERA Y CERDO
- 1 REBANADA DE PAN
- LECHE PARA REMOJAR EL PAN
- 1 CEBOLLA
- 1 PIMIENTO VERDE
- UN CHORRITO DE VINO BLANCO
- 1 CUCHARADA DE ZUMO DE LIMÓN
- UNA MEDIDA DE ARROZ DE GRANO REDONDO
- 200 ML DE NATA LÍQUIDA
- ACEITE DE OLIVA
- PEREJIL
- CURRY
- SAL
- PIMIENTA

Elaboración

En una sartén calienta aceite, sofríe el arroz y añade doble cantidad de agua, sal y pimienta. Deja cocer a fuego fuerte 8 minutos; y más suave, otros 8 minutos. Cuando se consuma el agua, tápalo y deja reposar un minuto.

Pica la cebolla. Remoja el pan con la leche y escúrrelo bien. Mezcla en un bol la carne y la cebolla con el pan. Salpimenta y amasa bien.

Forma albóndigas con la mezcla y fríelas en aceite a fuego moderado. Resérvalas sobre papel de cocina, para retirar el exceso de aceite.

Prepara la salsa, friendo cebolla y pimientos verdes cortados en juliana. Salpimenta. Incorpora un poco de vino blanco y deja reducir. Añade el curry y la nata líquida. Da un hervor y mete las albóndigas en la salsa. Deja unos minutos más a fuego lento.

Espolvorea el arroz con un poco de perejil picado y sírvelo como guarnición de las albóndigas.

22 MINUTOS

carnes

Presa ibérica con chimichurri

- 250 G DE PRESA IBÉRICA EN FILETES

PARA LA SALSA CHIMICHURRI:
- UN CHORRITO DE VINAGRE DE JEREZ
- ACEITE DE OLIVA
- 1/2 CEBOLLETA
- 1 DIENTE DE AJO
- 1/2 PIMIENTO MORRÓN
- 1 PIMIENTO CHORICERO
- ORÉGANO
- PIMENTÓN PICANTE
- 1 HOJA DE LAUREL
- PIMIENTA
- SAL
- COMINO

Elaboración

Mezcla en un bol aceite y vinagre.

En el vaso de la batidora tritura el resto de ingredientes del chimichurri e incorpora esta salsa a la emulsión de aceite y vinagre.

Remueve muy bien y deja reposar unos minutos para que se mezclen los sabores.

Haz los filetes de presa ibérica a la plancha con sal.

Sirve la presa ibérica con la salsa chimichurri.

22 MINUTOS

237

carnes

Chuleta de ternera con salsa de pimienta verde y soufflé de queso azul

- 1 CHULETA DE TERNERA
- SAL

PARA EL SOUFFLÉ:
- 25 G DE MANTEQUILLA
- 25 G DE HARINA
- 120 ML DE NATA
- 2 CLARAS DE HUEVO
- 50 G DE QUESO AZUL
- SAL Y PIMIENTA

PARA LA SALSA:
- UNA CHALOTA PICADA FINAMENTE
- UN CHORRITO DE BRANDY
- UNA PIZCA DE MANTEQUILLA
- 1 CUCHARADA SOPERA DE PIMIENTA VERDE
- 50 CL DE CALDO DE CARNE
- 50 ML DE NATA LÍQUIDA

Elaboración

Mezcla bien todos los ingredientes para el soufflé con la batidora y vierte la mezcla en un molde de horno pequeño y con altura, durante 7-8 minutos.

Saca, desmolda (también puedes dejarlo en el mismo molde) y reserva.

Pica la chalota y ponla a pochar en una sartén con la mantequilla.

Añade la pimienta verde en grano y el brandy. Flambea y, cuando reduzca, echa el caldo.

Espera a que la salsa se haga a fuego lento unos minutos más.

Incorpora la nata líquida y deja que espese.

Mientras se termina la salsa, haz la chuleta a la plancha. Al darle la vuelta, échale la sal.

Sirve la chuleta con la salsa por encima y el soufflé de queso como guarnición.

carnes

Cuscús con verduras y cordero

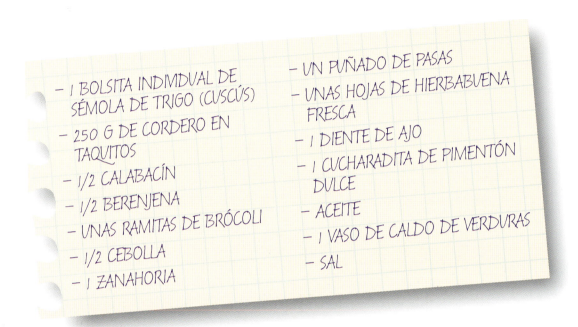

- 1 BOLSITA INDIVIDUAL DE SÉMOLA DE TRIGO (CUSCÚS)
- 250 G DE CORDERO EN TAQUITOS
- 1/2 CALABACÍN
- 1/2 BERENJENA
- UNAS RAMITAS DE BRÓCOLI
- 1/2 CEBOLLA
- 1 ZANAHORIA
- UN PUÑADO DE PASAS
- UNAS HOJAS DE HIERBABUENA FRESCA
- 1 DIENTE DE AJO
- 1 CUCHARADITA DE PIMENTÓN DULCE
- ACEITE
- 1 VASO DE CALDO DE VERDURAS
- SAL

Elaboración

Dora, en la olla exprés, con un poco de aceite, la cebolla y el ajo picados.

Añade los taquitos de cordero y espera a que estén dorados, moviéndolos continuamente para que no se quemen.

Cuando el cordero esté bien dorado, cubre con el caldo y cierra la olla durante 6 minutos.

Abre la olla e incorpora las verduras cortadas en trocitos no demasiado pequeños y la bolsita de cuscús. Rectifica de sal y vuelve a cerrar la olla otros 4 minutos.

Abre la olla y escurre bien el cuscús. Sácalo de la bolsita y reserva.

Haz un sofrito de aceite y pimentón dulce y échalo, bien caliente, al guiso de cordero.

Añade también unas pasas y la hierbabuena, picada finamente, al cuscús.

Sirve el cordero y las verduras con un buen montoncito de cuscús en el centro del plato.

22 MINUTOS

carnes

Solomillo de cerdo con salsa de queso azul y patatas paja

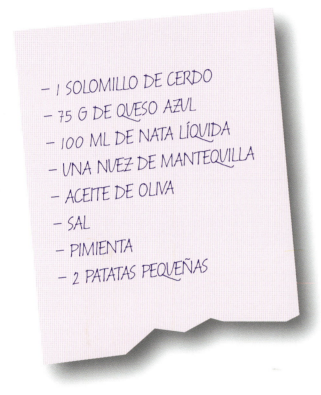

- 1 SOLOMILLO DE CERDO
- 75 G DE QUESO AZUL
- 100 ML DE NATA LÍQUIDA
- UNA NUEZ DE MANTEQUILLA
- ACEITE DE OLIVA
- SAL
- PIMIENTA
- 2 PATATAS PEQUEÑAS

Elaboración

Corta las patatas con la ayuda de un rallador para que salgan bastoncitos lo más finos posible (patatas paja). Fríelas en aceite muy caliente hasta que estén doradas y reserva sobre papel de cocina, para retirar el exceso de aceite.

Corta el solomillo en medallones y sazona. Fríe la carne hasta que esté dorada, pero sin que se haga del todo. Reserva.

En esa misma sartén, echa un poco de mantequilla y el queso azul. A continuación, añade la nata poco a poco y una pizca de pimienta.

Cocina a fuego moderado, hasta que la salsa espese.

Termina la carne en la salsa.

Sirve los medallones en salsa de queso, con las patatas paja como guarnición.

22 MINUTOS

243

carnes

Brochetas de cordero

- 250 G DE CORDERO DESHUESADO, EN TROZOS
- 6 TOMATES CHERRY
- 6 CHAMPIÑONES PEQUEÑOS
- 6 CEBOLLITAS EN CONSERVA
- HIERBAS FRESCAS AROMÁTICAS (AL GUSTO)
- ACEITE DE OLIVA
- SAL
- PIMIENTA

Elaboración

Monta las brochetas, pinchando alternativamente carne, champiñones, cebolla y tomate.

Prepara un aliño con aceite, hierbas, sal y pimienta. Unta cada brocheta con esta salsa.

Fríe las brochetas en una sartén. Sírvelas con el arroz como guarnición.

Puedes acompañar este plato con un arroz blanco. Sigue las instrucciones de cada fabricante y tendrás una guarnición perfecta.

22 MINUTOS

Escalopines pizzaiolo

- 3 FILETES DE LOMO DE CERDO FRESCO
- 3 LONCHAS DE QUESO MOZZARELLA
- 3 LONCHITAS DE JAMÓN SERRANO
- 1 TOMATE EN RODAJAS
- PAN RALLADO
- HARINA
- 1 HUEVO
- SAL Y PIMIENTA

Elaboración

Empana los filetes de lomo, con la harina, el huevo y, por último, el pan rallado. Fríelos en abundante aceite caliente, hasta que estén dorados.

Pon los filetes en una bandeja resistente al horno. Encima de cada filete coloca una rodaja de tomate, una loncha de jamón y, en último lugar, la mozzarella.

Hornea a 220 ºC unos minutos, hasta que el queso esté fundido.

Sírvelos muy calientes.

carnes

Guiso de ternera con higos

- 150 G DE TERNERA BLANCA, CORTADA EN TROCITOS PEQUEÑOS
- ROMERO FRESCO
- 2 CHALOTAS
- UNAS HOJAS DE SALVIA FRESCA
- ACEITE DE OLIVA
- UN CHORRITO DE VINO BLANCO
- SAL
- 1 PASTILLA DE CALDO DE CARNE
- PIMIENTA
- 4 HIGOS SECOS
- 100 ML DE NATA LÍQUIDA
- 75 G DE QUESO PARMESANO RALLADO

Elaboración

Pica finamente la chalota, el romero y la salvia.

Sofríe en una sartén con aceite, hasta que la chalota empiece a coger color.

Incorpora la carne y sube un poco el fuego, moviendo continuamente hasta que la carne esté dorada.

Añade un chorrito de vino blanco y el concentrado de carne desmenuzado.

Salpimenta y deja reducir a fuego medio.

Incorpora los higos cortados en cuartos, añade un chorrito de agua y deja reducir. Luego, incorpora la nata líquida y el queso.

Mezcla todo bien y deja reposar unos minutos más a fuego suave.

Sirve muy caliente.

22 MINUTOS

carnes

Manitas de cerdo con hongos

- 2 MANITAS DE CERDO, DESHUESADAS Y COCIDAS
- 150 G DE HONGOS (BOLETUS EDULIS)
- HARINA
- 1 CEBOLLA
- 1 VASO DE CALDO DE CARNE
- 1 BOTE DE TRUFA NEGRA EN SU JUGO
- SAL
- PIMIENTA

Elaboración

Pica las manitas y los hongos finamente. Pica también la cebolla y la trufa.

En una sartén con aceite, dora la cebolla y, cuando esté dorada, añade las manitas. Salpimenta. Dale unas vueltas y añade un poco de caldo de carne y el jugo de la trufa. Deja reducir.

En otra sartén, saltea los hongos con la trufa picada y salpimenta.

Para montar el plato utiliza un aro. En el fondo, pon una capa de manitas; encima, el salteado de hongos y trufa; y acaba con otra capa de manitas. Desmolda, y listo.

22 MINUTOS

carnes

Pastel de carne

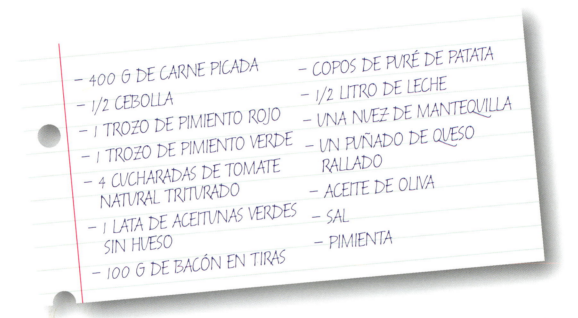

- 400 G DE CARNE PICADA
- 1/2 CEBOLLA
- 1 TROZO DE PIMIENTO ROJO
- 1 TROZO DE PIMIENTO VERDE
- 4 CUCHARADAS DE TOMATE NATURAL TRITURADO
- 1 LATA DE ACEITUNAS VERDES SIN HUESO
- 100 G DE BACÓN EN TIRAS
- COPOS DE PURÉ DE PATATA
- 1/2 LITRO DE LECHE
- UNA NUEZ DE MANTEQUILLA
- UN PUÑADO DE QUESO RALLADO
- ACEITE DE OLIVA
- SAL
- PIMIENTA

Elaboración

Pica los pimientos y la cebolla. Saltea en una sartén con un poco de aceite.

Incorpora el bacón y las aceitunas picadas.

Añade la carne picada y, por último, el tomate.

Prepara un puré de patata con la mantequilla, los copos, la leche y un poco de sal.

Echa en un molde de horno el contenido de la sartén.

Cubre con el puré de patata y termina con el queso rallado espolvoreado.

Gratina unos minutos en el horno hasta que se tueste el queso.

El pastel se puede tomar caliente o frío.

carnes

Salchichas al vino con puré trufado

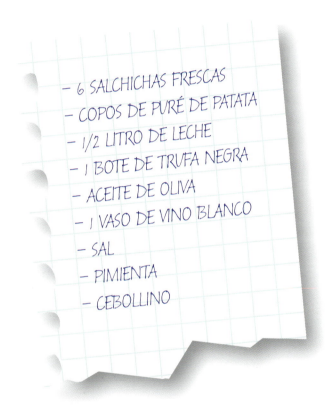

- 6 SALCHICHAS FRESCAS
- COPOS DE PURÉ DE PATATA
- 1/2 LITRO DE LECHE
- 1 BOTE DE TRUFA NEGRA
- ACEITE DE OLIVA
- 1 VASO DE VINO BLANCO
- SAL
- PIMIENTA
- CEBOLLINO

Elaboración

Fríe las salchichas en una sartén con la cucharada de aceite de oliva y pínchalas para que no exploten.

Cuando estén doradas, pero no quemadas, echa sal y pimienta; moja con el vino y añade una pizca de pan rallado. Deja reducir durante 10 minutos a fuego lento.

Prepara el puré calentando la leche con un poco de mantequilla, sal y pimienta. Añade copos de patata hasta conseguir la textura deseada. Ralla un poco de trufa y mezcla bien con el puré.

Antes de servir las salchichas, espolvorea con pimienta y cebollino picado. Acompáñalas con el puré de patata trufado.

carnes

Solomillo de cerdo en hojaldre y salsa de orejones

- 1 SOLOMILLO DE CERDO
- 1 PLANCHA DE MASA DE HOJALDRE CONGELADA
- 1 YEMA DE HUEVO
- 4 LONCHAS DE BACÓN
- LICOR DE MELOCOTÓN
- 6 OREJONES
- 1/2 CEBOLLA
- CALDO DE CARNE
- UNA NUEZ DE MANTEQUILLA
- ACEITE
- SAL
- PIMIENTA

Elaboración

Marca el solomillo en una sartén a fuego fuerte hasta que esté dorado.

Envuélvelo con lonchas de bacón y una fina capa de hojaldre.

Pinta el hojaldre con la yema de huevo y hornea a 200 °C durante 15 minutos.

En una sartén con mantequilla, sofríe la cebolla.

Añade un poco de licor y un poco de caldo.

Incorpora los orejones y salpimenta. Deja la salsa a fuego suave hasta que reduzca y espese.

Saca el solomillo del horno y sírvelo cortado en medallones gordos. Acompaña con la salsa de orejones.

carnes

Solomillo hojaldrado de novillo con ciruelas y foie

- 250 G DE SOLOMILLO DE NOVILLO ARGENTINO
- MASA DE HOJALDRE PREPARADA
- UNA NUEZ DE MANTEQUILLA
- UN PUÑADO DE CIRUELAS PASAS
- 150 G DE FOIE MI-CUIT
- 3 CHALOTAS
- UN CHORRITO DE VINO OPORTO
- SAL
- PIMIENTA
- ACEITE DE OLIVA
- 1 YEMA DE HUEVO

Elaboración

Corta 4 trozos de hojaldre con forma cuadrada o redonda, ayudándote con un cortapastas o un vaso. Píntalos con la yema de huevo y hornéalos a 180-200 ºC, hasta que estén dorados.

Pica la chalota y rehógala en una sartén con mantequilla.

Añade las ciruelas, luego el vino y deja reducir.

Tritura la mitad de la salsa y reserva el resto para decorar el plato.

Trocea el solomillo en medallones, salpiméntalos y hazlos a la plancha con un poco de aceite.

Corta también 4 medallones de foie.

Monta un milhojas tumbado en el plato, alternando capas de hojaldre, carne, foie y salsa. Termina poniendo al lado la salsa reservada con las ciruelas enteras.

22 MINUTOS

carnes

Steak tartar

- 250 G DE SOLOMILLO DE TERNERA
- 1 YEMA DE HUEVO
- ACEITE DE OLIVA
- UN PUÑADITO DE PEPINILLOS EN VINAGRE
- UN PUÑADITO DE ALCAPARRAS
- 3 ANCHOAS
- 1 CEBOLLETA
- 1 CUCHARADITA DE MOSTAZA
- UNAS GOTAS DE TABASCO
- SAL
- PIMIENTA
- SALSA DE SOJA
- 2 RAMITAS DE CEBOLLINO

Elaboración

Corta el solomillo a cuchillo finamente, hasta conseguir un montón de carne picada. Añade unas gotas de aceite y salpimenta.

Prepara todos los ingredientes, picándolos muy menudos.

Haz un montoncito de steak tartar y dale forma de volcán con la ayuda de una cuchara. En el hueco, pon una yema de huevo cruda.

Alrededor, coloca pequeños montones con el resto de ingredientes y las salsas.

22 MINUTOS

postres

Copa de requesón con higos y lima

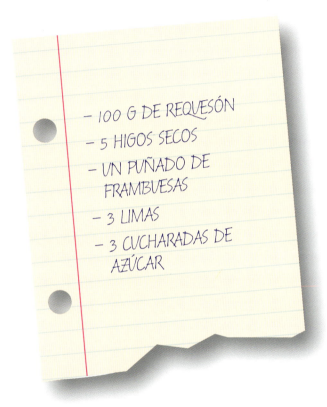

- 100 G DE REQUESÓN
- 5 HIGOS SECOS
- UN PUÑADO DE FRAMBUESAS
- 3 LIMAS
- 3 CUCHARADAS DE AZÚCAR

Elaboración

Lava bien las limas y ralla la piel de dos de ellas. Exprime el zumo de esas dos limas y separa la otra en gajos.

Cuela el zumo y ponlo a hervir en un cazo con el azúcar, hasta que adquiera consistencia de jarabe. Añade la ralladura de lima.

Tritura con la batidora las frambuesas con una pizca de azúcar y pasa por el chino. Corta los higos en trocitos pequeños.

Pon el jarabe de lima en el fondo de una copa. Encima, coloca el requesón y los higos. Salsea con el puré de frambuesas y decora con unos gajos de lima.

postres

Crema de mandarina al té verde

- 2 BOLSITAS DE TÉ VERDE
- 2 CUCHARADAS DE AZÚCAR
- UNA NUEZ DE MANTEQUILLA
- UN CHORRITO DE LECHE
- 4 MANDARINAS
- 2 YEMAS DE HUEVO
- 2 HOJAS DE GELATINA
- 1 CUCHARADA DE MAICENA

Elaboración

Haz una taza de té fuerte, con las dos bolsitas y una cucharada de azúcar.

Hidrata las gelatinas con agua fría y, cuando estén blandas, añádelas al té. Vierte en un recipiente bajo y deja enfriar en el congelador.

Ralla un poco de la piel de las mandarinas y exprime el zumo.

En un cazo, pon las yemas a fuego suave, con una cucharada de azúcar, la mantequilla y la ralladura de mandarina. Añade el zumo poco a poco, la cucharada de maicena y un chorrito de leche. Cocina a fuego muy lento, sin dejar de remover con las varillas, hasta que espese la mezcla.

Sirve la crema y acompaña con trocitos de la gelatina de té verde.

postres

Brochetas de mandarina a los 2 chocolates

- 1 MANDARINA
- COBERTURA DE CHOCOLATE NEGRO
- COBERTURA DE CHOCOLATE BLANCO
- UNA NUEZ DE MANTEQUILLA
- UN PUÑADO DE ALMENDRAS PICADAS

Elaboración

Pon a fundir, por separado, las coberturas de chocolate con un poco de mantequilla en el microondas.

Pela la mandarina y separa los gajos.

Pincha los gajos de mandarina en los palos de brocheta. (Una mandarina te da para dos brochetas).

Sirve las brochetas tumbadas en un plato y salsea con los dos chocolates fundidos, haciendo líneas. Espolvorea con almendras picadas, y listo.

22 MINUTOS

Compota caliente de mango

- 1 MANGO
- UNA NUEZ DE MANTEQUILLA
- 1 CUCHARADA DE AZÚCAR
- 2 CUCHARADAS DE MIEL
- UN CHORRITO DE LICOR (AL GUSTO)
- 1 BOLA DE HELADO DE DULCE DE LECHE

Elaboración

Saltea el mango, cortado en trocitos, con mantequilla y azúcar en una sartén.

En un cazo a fuego medio, pon la miel y el licor. Cuando se haga un caramelo líquido y caliente, dibuja líneas sobre una superficie fría. Espera unos minutos y levanta la rejilla de miel.

Sirve la compota con el helado de dulce de leche y el crujiente de miel.

postres

Crepes suzette

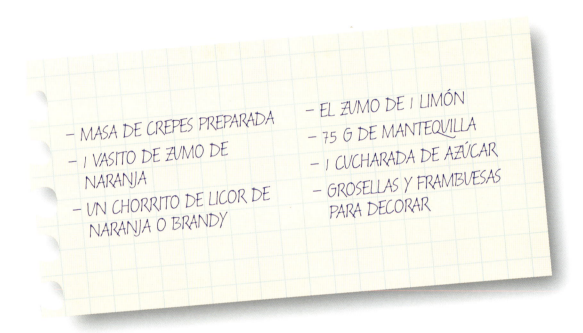

- MASA DE CREPES PREPARADA
- 1 VASITO DE ZUMO DE NARANJA
- UN CHORRITO DE LICOR DE NARANJA O BRANDY
- EL ZUMO DE 1 LIMÓN
- 75 G DE MANTEQUILLA
- 1 CUCHARADA DE AZÚCAR
- GROSELLAS Y FRAMBUESAS PARA DECORAR

Elaboración

Derrite una nuez de mantequilla en una sartén y añade el azúcar, haciendo un caramelo.

Incorpora el zumo de naranja y el de limón. Deja reducir hasta conseguir una salsa espesa.

Prepara la masa para crepes, siguiendo las indicaciones del fabricante. (En la mayoría de los casos sólo hay que añadir agua).

Calienta una sartén con una cucharada de mantequilla y echa un poco de la masa. Dale la vuelta con cuidado, para que no se te rompa. Repite la operación hasta que tengas dos crepes. (La primera suele salir mal).

Dobla las crepes en forma de pañuelo y báñalas con la salsa.

Por último, echa un poco de licor en la sartén y flambea. Vierte el flambeado sobre las crepes y decora con las frambuesas y las grosellas.

22 MINUTOS

269

postres

Gelatina de cava con frutas

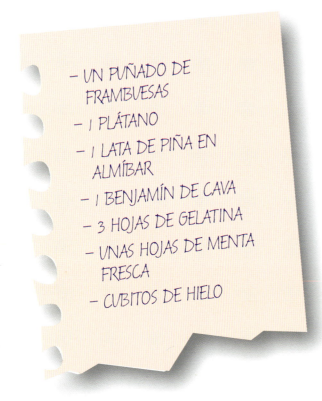

- UN PUÑADO DE FRAMBUESAS
- 1 PLÁTANO
- 1 LATA DE PIÑA EN ALMÍBAR
- 1 BENJAMÍN DE CAVA
- 3 HOJAS DE GELATINA
- UNAS HOJAS DE MENTA FRESCA
- CUBITOS DE HIELO

Elaboración

Pela las frutas y trocéalas. Reserva el almíbar de la piña.

Mete las hojas de gelatina en agua.

Calienta en un cazo el almíbar de la piña y disuelve en él las hojas de gelatina.

Retira del fuego y añade el cava. Pon a enfriar en un cuenco con hielo hasta que adquiera un poco de consistencia.

En un recipiente bajo, alterna capas de fruta y capas del cava gelatinoso.

Deja enfriar unos minutos en el congelador.

Sácalo del congelador y revuelve todo, como rompiéndolo. Sirve en una copa y decora con unas hojas de menta.

22 MINUTOS

postres

Gratén de peras

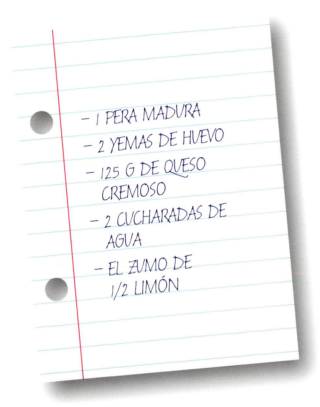

- 1 PERA MADURA
- 2 YEMAS DE HUEVO
- 125 G DE QUESO CREMOSO
- 2 CUCHARADAS DE AGUA
- EL ZUMO DE 1/2 LIMÓN

Elaboración

Pela la pera y ponla en un recipiente individual, apto para el horno.

En un cazo a fuego medio, bate muy bien las yemas con el agua y el azúcar, hasta que queden bien claritas.

Incorpora el queso blanco y el zumo de limón.

Vierte la mezcla sobre los trozos de pera y gratina unos 5 minutos en el horno, a máxima potencia.

22 MINUTOS

postres

Gratinado de avellanas

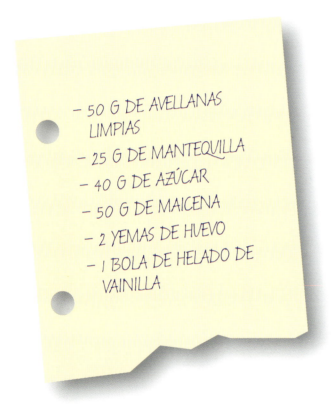

- 50 G DE AVELLANAS LIMPIAS
- 25 G DE MANTEQUILLA
- 40 G DE AZÚCAR
- 50 G DE MAICENA
- 2 YEMAS DE HUEVO
- 1 BOLA DE HELADO DE VAINILLA

Elaboración

Pica las avellanas con la batidora, pero sin triturarlas demasiado.

Mezcla las avellanas picadas con la maicena.

Derrite la mantequilla en el microondas y, mientras tanto, mezcla el azúcar con las yemas de huevo; bate bien con una varilla hasta que espese.

Mezcla la mantequilla fundida con la mezcla de las avellanas y la maicena.

Añade las yemas con azúcar.

Hornea a 240 ºC en la función de gratinar, durante 5 minutos. Tiene que quedar duro por arriba y un poco crudo por dentro.

Sirve el gratinado con una bola de helado de vainilla encima.

postres

Helado de nuez con rejilla de chocolate

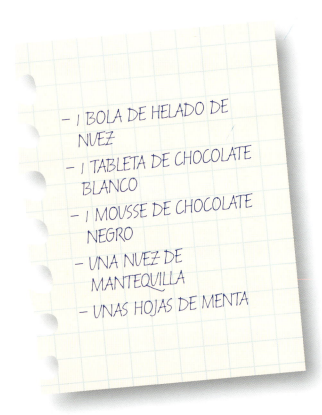

- 1 BOLA DE HELADO DE NUEZ
- 1 TABLETA DE CHOCOLATE BLANCO
- 1 MOUSSE DE CHOCOLATE NEGRO
- UNA NUEZ DE MANTEQUILLA
- UNAS HOJAS DE MENTA

Elaboración

Derrite el chocolate en el microondas con una pizca de mantequilla.

Mételo en una manga pastelera y haz hilitos, sobre papel sulfurizado, formando una rejilla cuadrada.

Déjalo enfriar en la nevera unos minutos.

Pon un poco de mousse de chocolate en un plato. Retira con cuidado el papel y pincha la rejilla de chocolate en la mousse. Coloca una bola de helado de nuez al lado.

Decora el postre con unas hojas de menta.

22 MINUTOS

277

postres

Espuma de plátano

- 2 PLÁTANOS
- EL ZUMO DE 2 NARANJAS
- UN CHORRITO DE NATA LÍQUIDA
- 3 CUCHARADAS DE AZÚCAR
- CANELA EN RAMA
- UN PUÑADITO DE ALMENDRA PICADA
- 1 HOJA DE MENTA

Elaboración

En un bol, echa los plátanos pelados y troceados con el zumo de naranja. Tritura con la batidora. Reserva.

Monta la nata con el azúcar. Mezcla con el puré de plátano.

Sirve y espolvorea con canela molida y almendra picada. Decora con una hojita de menta.

Melocotones rellenos de cuajada

22 MINUTOS

- 2 MITADES DE MELOCOTÓN EN ALMÍBAR
- 2 CUCHARADAS DE MIEL
- CANELA EN RAMA
- 1 CUAJADA
- 2 CUCHARADAS DE AZÚCAR
- UNAS HOJAS DE MENTA FRESCA
- UN PUÑADO DE FRAMBUESAS

Elaboración

Mezcla la cuajada con la miel y un poco de canela.

Coloca los melocotones en un plato resistente al horno.

Cubre con la cuajada y espolvorea con el azúcar.

Gratina un par de minutos en el horno, hasta que se doren.

Sácalos del horno y decora con hojas de menta y frambuesas.

postres

Membrillo rebozado en frutos secos con crema de idiazábal

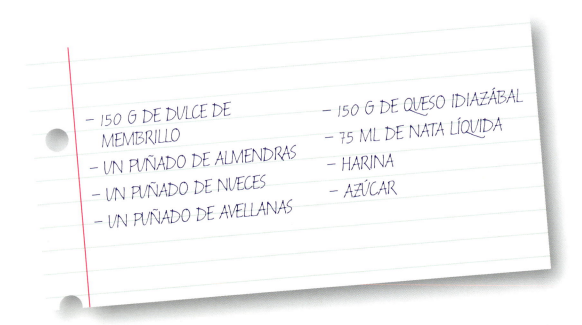

- 150 G DE DULCE DE MEMBRILLO
- UN PUÑADO DE ALMENDRAS
- UN PUÑADO DE NUECES
- UN PUÑADO DE AVELLANAS
- 150 G DE QUESO IDIAZÁBAL
- 75 ML DE NATA LÍQUIDA
- HARINA
- AZÚCAR

Elaboración

Corta el dulce de membrillo en trozos rectangulares y gruesos.

Tritura los frutos secos con la batidora y mezcla con la harina.

Reboza el dulce de membrillo con esta mezcla y fríe en aceite bien caliente, hasta que el rebozado quede dorado. Reserva sobre papel de cocina, para retirar el exceso de aceite.

Calienta la nata líquida en el microondas

Pon en el vaso de la batidora la nata caliente con el queso y una cucharada sopera de azúcar. Bate muy bien.

Sirve los fritos crujientes de membrillo con la salsa de queso, bien caliente, en el fondo del plato.

postres

Mousse de manzana verde

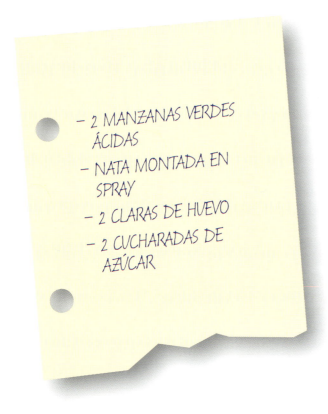

- 2 MANZANAS VERDES ÁCIDAS
- NATA MONTADA EN SPRAY
- 2 CLARAS DE HUEVO
- 2 CUCHARADAS DE AZÚCAR

Elaboración

Pela y trocea las manzanas. Ásalas en el microondas con un poco de agua y una cucharada colmada de azúcar, hasta que estén blandas.

Tritura las manzanas y deja enfriar ligeramente.

Monta las claras de huevo a punto de nieve, batiéndolas con fuerza con una cucharada de azúcar, y añade con cuidado al puré. Mezcla bien.

Agrega un poco de nata montada.

Sirve la mousse en una copa y decora con unas hojas de menta.

22 MINUTOS

postres

Mousse de castañas

- 150 G DE PURÉ DE CASTAÑAS EN CONSERVA
- 1 CUCHARADA DE AZÚCAR
- 75 ML DE NATA LÍQUIDA PARA MONTAR
- 2 YEMAS DE HUEVO
- UN CHORRITO DE LECHE

Elaboración

Pon en un cazo las 2 yemas con el azúcar y un chorrito de leche a fuego suave. Mueve hasta conseguir una textura cremosa.

Monta la nata con la batidora en un bol.

Mezcla el puré de castañas con las yemas.

Añade la nata montada.

Deja enfriar un poco en la nevera y sirve la mousse en una copa.

22 MINUTOS

Mousse de turrón

- 200 ML DE NATA PARA MONTAR
- 150 G DE TURRÓN BLANDO
- UN CHORRITO DE LECHE
- 1 HUEVO

Elaboración

Monta la nata con la batidora.

Bate la yema con el chorrito de leche y tritura con el turrón.

Mezcla bien con la nata montada y deja enfriar un poco.

Sirve en una copa, y listo.

postres

Mousse de yogur en hojaldre

- MASA DE HOJALDRE PREPARADA
- 2 CUCHARADAS DE AZÚCAR
- 1 YEMA DE HUEVO
- 1 MOUSSE DE YOGUR NATURAL (COMPRADA)
- FRUTAS AL GUSTO (KIWI, FRESAS, PLÁTANO, PIÑA, UVAS...)
- 1 BOLA DE HELADO DE VAINILLA
- UN PUÑADITO DE FRAMBUESAS
- UN CHORRITO DE AGUA

Elaboración

Amasa bien el hojaldre y corta 4 triángulos pequeños. Pínchalos para que no suban demasiado, píntalos con yema de huevo y espolvorea con azúcar. Hornea a 210 ºC durante 7 minutos.

Mete la mousse de yogur en una manga pastelera. (Si no tienes, hazte una con una bolsa de plástico).

Pon los triángulos de hojaldre en un plato y, entre ellos, mousse de yogur y fruta troceada.

Calienta las frambuesas en un cazo con el agua y el azúcar. Tritura y pasa por el chino.

Sirve el postre con una bola de helado de vainilla y la salsa de frambuesas.

22 MINUTOS

postres

Rocas de chocolate con crema inglesa

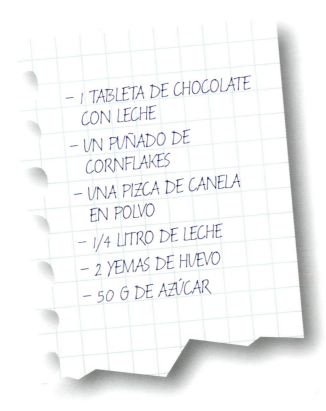

- 1 TABLETA DE CHOCOLATE CON LECHE
- UN PUÑADO DE CORNFLAKES
- UNA PIZCA DE CANELA EN POLVO
- 1/4 LITRO DE LECHE
- 2 YEMAS DE HUEVO
- 50 G DE AZÚCAR

Elaboración

Funde el chocolate en el microondas con una pizca de mantequilla.

Introduce los cornflakes en el chocolate y sácalos pegados en forma de rocas, con la ayuda de una cucharilla. Espolvoréalas con cacao en polvo y déjalas enfriar unos minutos en la nevera.

En un cazo, lleva la leche a ebullición.

Mientras se calienta la leche, bate las yemas con el azúcar hasta obtener una mezcla esponjosa y blanquecina.

Retira la leche del fuego, añade las yemas y vuelve a poner a fuego suave, removiendo hasta que espese.

Sirve las rocas de chocolate con una cama de crema inglesa en el fondo del plato.

22 MINUTOS

289

postres

Sándwich de bizcocho con crema de limón y kiwi

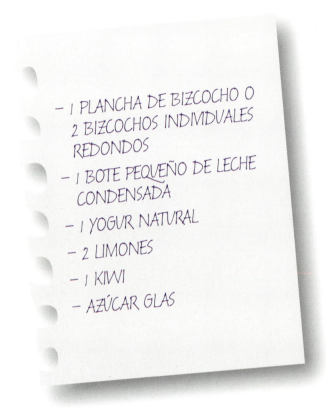

- 1 PLANCHA DE BIZCOCHO O 2 BIZCOCHOS INDIVIDUALES REDONDOS
- 1 BOTE PEQUEÑO DE LECHE CONDENSADA
- 1 YOGUR NATURAL
- 2 LIMONES
- 1 KIWI
- AZÚCAR GLAS

Elaboración

Corta dos trozos iguales y redondos de bizcocho.

Haz una crema rápida de limón, mezclando la leche condensada con un yogur y el zumo de los dos limones.

Corta el kiwi en rodajas finas.

Monta el sándwich, colocando una capa de bizcocho; encima, una capa de crema de limón; otra capa, con las rodajas de kiwi; y, por último, la otra capa de bizcocho.

Adorna la capa superior con azúcar glas y unas hojas de menta.

22 MINUTOS

postres

Sopa de chocolate blanco con bastones de hojaldre y cristal de caramelo

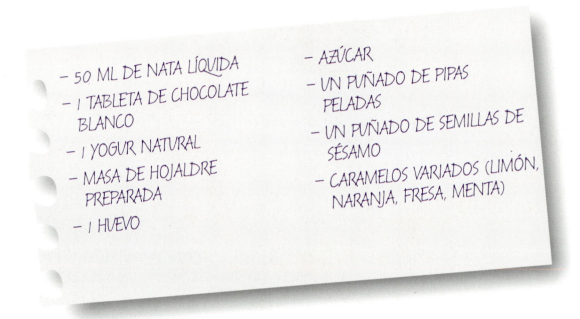

- 50 ML DE NATA LÍQUIDA
- 1 TABLETA DE CHOCOLATE BLANCO
- 1 YOGUR NATURAL
- MASA DE HOJALDRE PREPARADA
- 1 HUEVO
- AZÚCAR
- UN PUÑADO DE PIPAS PELADAS
- UN PUÑADO DE SEMILLAS DE SÉSAMO
- CARAMELOS VARIADOS (LIMÓN, NARANJA, FRESA, MENTA)

Elaboración

Extiende la masa de hojaldre y amasa un poco con el rodillo. Corta tiras muy estrechas de masa. Píntalas con huevo batido y espolvorea con azúcar, semillas de sésamo y pipas peladas. Hornea los bastones 10 minutos a 180 °C.

Pon a calentar en un cazo la nata y dale un hervor. Añade el chocolate y fúndelo moviendo continuamente. Fuera del fuego, incorpora el yogur natural y deja enfriar.

Saca los bastones de hojaldre del horno y reserva.

Mete unos caramelos en el horno encima de un papel sulfurizado durante 3 minutos. Tienen que derretirse y quedarse completamente planos, como pequeñas piruletas.

Sirve la sopa de chocolate blanco con los bastones de hojaldre y los cristales de caramelo como decoración.

22 MINUTOS

293

postres

Sopa templada de fruta de la pasión con bolitas de melón

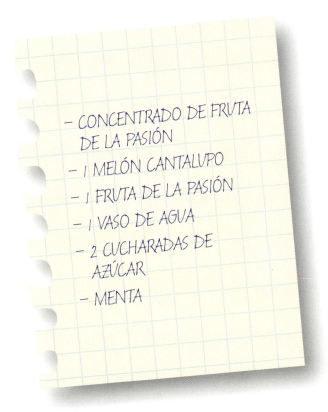

- CONCENTRADO DE FRUTA DE LA PASIÓN
- 1 MELÓN CANTALUPO
- 1 FRUTA DE LA PASIÓN
- 1 VASO DE AGUA
- 2 CUCHARADAS DE AZÚCAR
- MENTA

Elaboración

Abre el melón y retira parte de la pulpa de una de las mitades, en forma de bolitas.

Haz un almíbar, poniendo al fuego el agua y el azúcar en un cazo.

Cuando el almíbar adquiera una textura densa, añade el concentrado de fruta de la pasión y cocina unos minutos a fuego lento, moviendo continuamente.

Sirve la sopa templada con las bolitas de melón por encima y adorna con unas hojas de menta.

22 MINUTOS

postres

Sopa templada de frutos rojos con helado de vainilla

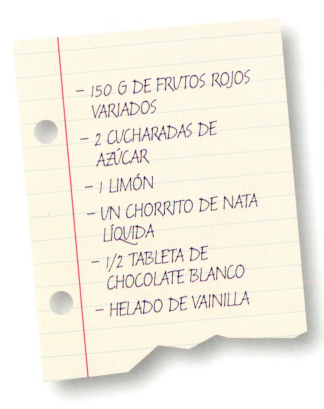

- 150 G DE FRUTOS ROJOS VARIADOS
- 2 CUCHARADAS DE AZÚCAR
- 1 LIMÓN
- UN CHORRITO DE NATA LÍQUIDA
- 1/2 TABLETA DE CHOCOLATE BLANCO
- HELADO DE VAINILLA

Elaboración

Lava las frutas y reserva unas cuantas para decorar. Ralla la piel del limón y exprime el zumo.

En una sartén caliente, cocina las frutas con el azúcar, la ralladura de limón y el zumo de éste rebajado con un poco de agua. Déjalo unos minutos a fuego medio.

Funde el chocolate en el microondas con un chorrito de nata líquida.

Tritura las frutas y pasa por el chino.

Pon el chocolate en el fondo de una copa. A continuación, echa un poco de salsa de frutos rojos; encima, pon una bola de helado de vainilla y decora con los frutos reservados.

22 MINUTOS

postres

Mousse de yogur con limón

- 2 YOGURES DE LIMÓN
- 1 LIMÓN
- 2 CUCHARADAS DE AZÚCAR
- 150 ML DE NATA LÍQUIDA
- UN PUÑADO DE GROSELLAS

Elaboración

Bate la nata bien fría con el azúcar hasta que esté montada.

Lava el limón y ralla un poco de la piel. Corta, además, unas tiritas de la piel y exprime el zumo.

Pon los yogures en un bol y añade el zumo de limón y la ralladura.

Mezcla bien con la nata montada. Enfría unos minutos en la nevera.

Sirve la mousse en una copa y decora con las grosellas y unas tiritas de piel.

22 MINUTOS

Sorbete de frambuesa con cítricos

- 2 BOLAS DE SORBETE DE FRAMBUESA
- 1 MANDARINA
- 1 LIMA
- AZÚCAR AL GUSTO
- UNAS FRAMBUESAS PARA DECORAR

Elaboración

Exprime los zumos de lima y mandarina.

Mezcla los zumos de cítricos con un poco de azúcar y el sorbete de frambuesa.

Sírvelo en una copa y decora con unas frambuesas.

postres

Tempura de pera y physalis con salsa de chocolate

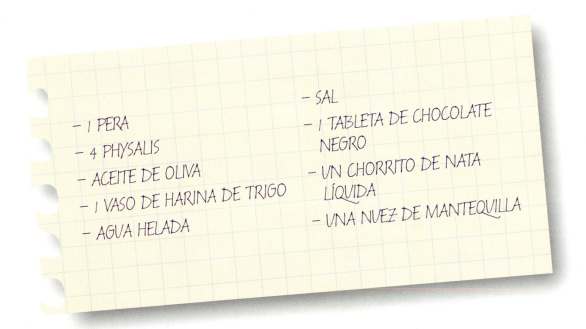

- 1 PERA
- 4 PHYSALIS
- ACEITE DE OLIVA
- 1 VASO DE HARINA DE TRIGO
- AGUA HELADA
- SAL
- 1 TABLETA DE CHOCOLATE NEGRO
- UN CHORRITO DE NATA LÍQUIDA
- UNA NUEZ DE MANTEQUILLA

Elaboración

Funde el chocolate, con un poco de nata líquida y una pizca de mantequilla, en el microondas, a máxima potencia.

Mete la harina en un bol, añade una pizca de sal y, poco a poco, incorpora el agua fría sin dejar de remover con una varilla. Tiene que quedar una pasta ligera y sin grumos.

Pela y trocea la pera en dados. Levanta las hojas que envuelven los physalis y dales la vuelta; pero no se las arranques, porque quedan muy bonitas.

Reboza la fruta con la pasta y fríela en abundante aceite caliente.

En cuanto estén doradas, saca las frutas y colócalas sobre papel de cocina, para retirar el exceso de aceite.

Sirve la tempura con la salsa de chocolate caliente por encima.

22 MINUTOS

postres

Torrijas de vainilla con salsa de frambuesa

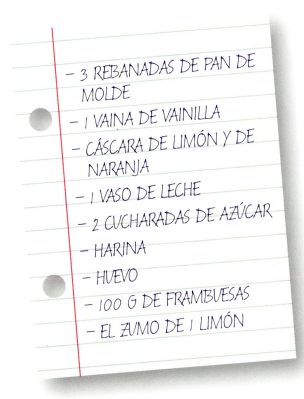

- 3 REBANADAS DE PAN DE MOLDE
- 1 VAINA DE VAINILLA
- CÁSCARA DE LIMÓN Y DE NARANJA
- 1 VASO DE LECHE
- 2 CUCHARADAS DE AZÚCAR
- HARINA
- HUEVO
- 100 G DE FRAMBUESAS
- EL ZUMO DE 1 LIMÓN

Elaboración

Pon a cocer la leche con la vaina de vainilla abierta, las ralladuras de limón y naranja y azúcar al gusto.

Corta las rebanadas en forma circular (ayúdate con un cortapastas o un bol).

Deja que se temple la mezcla de leche y moja en ella las rebanadas de pan.

Pasa las rebanadas por harina y huevo batido.

Fríelas en abundante aceite caliente, hasta que cojan un color dorado. Escurre sobre papel de cocina, para retirar el exceso de aceite.

Tritura las frambuesas con el zumo de limón y un poco de azúcar. Pasa por el chino y sirve esta salsa como acompañamiento de las torrijas.

22 MINUTOS

índice de menús recomendados que puedes hacer en 22 minutos

MENÚ 1.
MILHOJAS DE FOIE CON MANZANA (pág. 22)
BROCHETAS DE RAPE ADOBADO (pág. 162)

MENÚ 2.
ESPINACAS CON BECHAMEL Y CRUJIENTE DE PARMESANO (pág. 106)
CHAMPI-CHOCO CON AJIMOJI (pág. 25)

MENÚ 3.
CUSCÚS CON VERDURAS Y CORDERO (pág. 240)
GRATINADO DE AVELLANAS (pág. 274)

MENÚ 4.
ALUBIAS BLANCAS CON BERBERECHOS (pág. 66)
TORTILLA DE AJETES CON BACALAO (pág. 154)

MENÚ 5.
CREMA DE LENTEJAS CON CHORIZO Y TOSTINOS (pág. 50)
NAVAJAS ESCABECHADAS CON MIRIM (pág. 192)

MENÚ 6.
ENSALADA DE PULPO CON ESPÁRRAGOS TRIGUEROS Y HONGOS (pág. 92)
SOLOMILLO DE CERDO EN HOJALDRE Y SALSA DE OREJONES (pág. 254)

MENÚ 7.
JALAPEÑOS RELLENOS DE QUESO CHEDDAR (pág. 20)
FAJITAS DE POLLO CON FRIJOLES Y SALSA PICANTE (pág. 210)

MENÚ 8.
SOJA ESTOFADA (pág. 120)
ESCALOPINES PIZZAIOLO (pág. 245)

MENÚ 9.
TORTOS DE MAÍZ CON REVUELTO DE QUESO LA PERAL (pág. 30)
ROCAS DE CHOCOLATE CON CREMA INGLESA (pág. 288)

MENÚ 10.
AJOBLANCO CON UVAS (pág. 34)
ENSALADA TIBIA DE CONFIT DE PATO CON VINAGRETA DE FRUTOS SILVESTRES (pág. 98)

MENÚ 11.
VICHYSSOISE (pág. 76)
PASTEL DE HONGOS, CALABACÍN Y PATÉ (pág. 108)

MENÚ 12.
ENSALADA DE RABAS DE CALAMAR CON LIMA Y MANGO (pág. 94)
MEMBRILLO REBOZADO EN FRUTOS SECOS CON CREMA DE IDIAZÁBAL (pág. 280)

22 MINUTOS

MENÚ 13.
SOPA DE MARISCO «FIN DE MES» (PÁG. 72)
GUISO DE TERNERA CON HIGOS (PÁG. 246)

MENÚ 14.
PIMIENTOS DEL PIQUILLO RELLENOS DE QUESO DE TETILLA CON BACALAO AL FALSO PIL-PIL (PÁG. 194)

MENÚ 15.
CHULETA DE TERNERA CON SALSA DE PIMIENTA VERDE Y SOUFFLÉ DE QUESO AZUL (PÁG. 238)
SOPA TEMPLADA DE FRUTA DE LA PASIÓN CON BOLITAS DE MELÓN (PÁG. 294)

MENÚ 16.
ENSALADA DE PASTA (PÁG. 90)
SÁNDWICH DE BIZCOCHO CON CREMA DE LIMÓN Y KIWI (PÁG. 290)

MENÚ 17.
ENSALADILLA RUSA JULIUS (PÁG. 104)
MERLUZA CON PICADA DE FRUTOS SECOS Y MAZORCA DE MAÍZ (PÁG. 188)

MENÚ 18.
CREMA DE BERROS CON NARANJA (PÁG. 40)
STROGANOFF DE PAVO (PÁG. 226)

MENÚ 19.
LENTEJAS PICANTES CON ARROZ BASMATI Y PIMIENTA ROSA (PÁG. 64)
TEMPURA DE PERA Y PHYSALIS CON SALSA DE CHOCOLATE (PÁG. 300)

MENÚ 20.
SOPA FRÍA DE MELÓN CON JAMÓN (PÁG. 47)
DORADA A LA CERVEZA (PÁG. 172)

MENÚ 21.
CREMA DE CALABACÍN Y QUESO (PÁG. 42)
POLLO SATAY CON ARROZ (PÁG. 220)

MENÚ 22.
SOPA DE HIERBABUENA (PÁG. 69)
RODABALLO A LA MANTEQUILLA CON BERENJENA CREMOSA (PÁG. 196)

MENÚ 23.
SOLOMILLO DE CERDO CON SALSA DE QUESO AZUL Y PATATAS PAJA (PÁG. 242)
CREPES SUZETTE (PÁG. 268)

MENÚ 24.
ENSALADA DE CIGALAS Y TRUFA (PÁG. 84)
TORTILLA JULIUS (PÁG. 156)

MENÚ 25.
PURÉ DE PATATA CON PESTO Y HUEVO POCHÉ (PÁG. 146)
BOQUERONES SORPRESA (PÁG. 166)

Índice de menús recomendados que puedes hacer en 22 minutos

MENÚ 26.
HAMBURGUESAS DE ARROZ CON ESPINACAS Y TOMATE (pág. 136)
SOPA DE CHOCOLATE BLANCO CON BASTONES DE HOJALDRE Y CRISTAL DE CARAMELO (pág. 292)

MENÚ 27.
ALUBIAS ROJAS CON NUECES (pág. 36)

MENÚ 28.
PATATAS CON MOZZARELLA (pág. 24)
BROCHETAS DE CONEJO CON COLES (pág. 26)

MENÚ 29.
CANELONES DE CHIPIRONES CON SALSA DE AZAFRÁN (pág. 130)
COPA DE REQUESÓN CON HIGOS Y LIMA (pág. 262)

MENÚ 30.
PUERROS CON SALSA ROMESCO (pág. 114)
MANITAS DE CERDO CON HONGOS (pág. 248)

MENÚ 31.
CREMA DE HABITAS CON JAMÓN Y HUEVOS CRUJIENTES (pág. 48)
JUREL CON SALSA DE GROSELLAS (pág. 179)

MENÚ 32.
HAMBURGUESAS DE ATÚN CON BERENJENA Y SALSA DE YOGUR (pág. 176)

MENÚ 33.
ROLLITOS DE PRIMAVERA CON GAMBAS (pág. 28)
WOK DE POLLO CON ALMENDRAS Y BAMBÚ (pág. 228)

MENÚ 34.
ENSALADA DE ALUBIAS BLANCAS Y BACALAO AHUMADO (pág. 82)
SOPA TEMPLADA DE FRUTOS ROJOS CON HELADO DE VAINILLA (pág. 296)

MENÚ 35.
ARROZ DE CALAMAR Y BERBERECHOS EN OLLA RÁPIDA (pág. 126)
VIEIRAS Y ESPÁRRAGOS VERDES CON QUESO TRONCHÓN (pág. 206)

MENÚ 36.
ENSALADA DE JAMÓN DE PATO CON VINAGRETA DE CHOCOLATE (pág. 103)
SEPIONAS ENCEBOLLADAS (pág. 193)

MENÚ 37.
HUEVO FRITO CON BOLETUS, MORCILLA Y CORAZONES DE ALCACHOFA (pág. 144)
MOUSSE DE MANZANA VERDE (pág. 282)

22 MINUTOS

MENÚ 38.
SOPA DE AJO (pág. 68)
SALCHICHAS AL VINO CON PURÉ TRUFADO (pág. 252)

MENÚ 39.
COLIFLOR GRATINADA CON ALMENDRAS (pág. 80)
CALZONE DE TOFU (pág. 128)

MENÚ 40.
SASHIMI DE SALMÓN CON ENSALADA DE RÚCULA Y NUECES (pág. 202)
CREMA DE MANDARINA AL TÉ VERDE (pág. 264)

MENÚ 41.
SOPA MINESTRONE (pág. 74)
EMPANADILLAS DE ESPINACAS Y RICOTA (pág. 132)

MENÚ 42.
SALTEADO CREMOSO DE SETAS CON DELICIAS DE POLLO Y ARROZ BASMATI (pág. 222)
SORBETE DE FRAMBUESA CON CÍTRICOS (pág. 299)

MENÚ 43.
FRITATA DE PASTA Y TRUCHA A LA NAVARRA CON SALSA DE VINO BLANCO (pág. 174)

MENÚ 44.
ENSALADA DE CANÓNIGOS CON MANZANA Y PIÑONES (pág. 88)
TALLARINES CON ANCHOAS (pág. 140)

MENÚ 45.
ROLLITOS DE SALMÓN AHUMADO (pág. 198)
BROCHETAS DE CORDERO (pág. 244)

MENÚ 46.
AGUACATE RELLENO DE LANGOSTINOS (pág. 160)
LOMITOS DE AVESTRUZ CON PURÉ DE AVELLANA Y MERMELADA DE ARÁNDANOS (pág. 216)

MENÚ 47.
CREMA DE SETAS EN HOJALDRE (pág. 60)
STEAK TARTAR (pág. 258)

MENÚ 48.
ENDIBIAS CON BACALAO AHUMADO (pág. 89)
SOLOMILLO HOJALDRADO DE NOVILLO CON CIRUELAS Y FOIE (pág. 256)

MENÚ 49.
ENSALADA DE LENTEJAS Y PULPO (pág. 96)
MAGRET DE PATO CON SALSA DE FRUTOS ROJOS (pág. 218)

índice de menús recomendados que puedes hacer en 22 minutos

MENÚ 50.
LENGUADO CON SALSA DE CARABINEROS (pág. 182)
GELATINA DE CAVA CON FRUTAS (pág. 270)

MENÚ 51.
COLA DE RAPE CON LANGOSTINOS (pág. 170)
MOUSSE DE CASTAÑAS (pág. 284)

MENÚ 52.
VOLOVÁN DE GAMBAS (pág. 165)
MERLUZA A LA SIDRA CON AZAFRÁN (pág. 186)

MENÚ 53.
VIEIRAS GRATINADAS (pág. 204)
MOUSSE DE TURRÓN (pág. 285)

MENÚ 54.
ENSALADA DE GULAS, JAMÓN Y PIÑONES (pág. 86)
SALTEADO DE PAVO CON MANGO (pág. 225)

MENÚ 55.
CAZUELITA DE BERBERECHOS Y ALMEJAS (pág. 168)
SAN JACOBOS DE SETAS (pág. 118)

MENÚ 56.
GARBANZOS CON LANGOSTINOS (pág. 62)
BROCHETA DE MANDARINA A LOS 2 CHOCOLATES (pág. 266)

MENÚ 57.
ENSALADA VARIADA (pág. 100)
SALMÓN GRATINADO (pág. 200)

MENÚ 58.
FILETES DE PAVO CON SALSA DE CHAMPIÑONES (pág. 212)
MELOCOTONES RELLENOS DE CUAJADA (pág. 279)

MENÚ 59.
CREMA DE REMOLACHA (pág. 54)
HUEVOS ESTRELLADOS CON PIMIENTOS Y JAMÓN (pág. 150)

MENÚ 60.
MERLUZA EN SALSA DE SETAS (pág. 190)
ESPUMA DE PLÁTANO (pág. 278)

MENÚ 61.
CREMA DE PEPINO Y YOGUR (pág. 52)
KEBAB DE POLLO (pág. 214)

MENÚ 62.
ENSALADA DE ESCAROLA Y SETAS (pág. 102)
PASTEL DE CARNE (pág. 250)

MENÚ 63.
SOPA DE CEBOLLA (pág. 70)
LENGUADO A LA NARANJA (pág. 180)

22 MINUTOS

MENÚ 64.
ALBÓNDIGAS CON SEPIA (pág. 232)
MOUSSE DE YOGUR CON LIMÓN (pág. 298)

MENÚ 65.
TOMATES RELLENOS (pág. 122)
REVUELTO DE MORCILLA CON MANZANA (pág. 152)

MENÚ 66.
PISTO CON VERDURAS Y CALAMAR (pág. 112)
MOUSSE DE YOGUR EN HOJALDRE (pág. 286)

MENÚ 67.
PENCAS RELLENAS CON IDIAZÁBAL (pág. 110)
BACALAO CON HABITAS (pág. 164)

MENÚ 68.
CREMA DE ZANAHORIA AL OPORTO (pág. 58)
PRESA IBÉRICA CON CHIMICHURRI (pág. 236)

MENÚ 69.
PASTA NEGRA CON CHIPIRONES (pág. 138)
GRATÉN DE PERAS (pág. 272)

MENÚ 70.
CREMA DE ESPÁRRAGOS TRIGUEROS (pág. 44)
CONFIT DE PATO CON SALSA DE MELOCOTÓN (pág. 224)

MENÚ 71.
FIDEOS CON ALMEJAS (pág. 134)
HELADO DE NUEZ CON REJILLA DE CHOCOLATE (pág. 276)

MENÚ 72.
ALBÓNDIGAS DE TERNERA CON SALSA DE CURRY (pág. 234)

MENÚ 73.
QUICHE DE PUERRO (pág. 116)
LUBINA CON VINAGRETA TEMPLADA DE CILANTRO Y ALMEJAS (pág. 184)

MENÚ 74.
CREMA DE TOMATE AL ROMERO (pág. 56)
HUEVOS AL HORNO CON CHAMPIÑÓN (pág. 148)

MENÚ 75.
CALLOS CON GARBANZOS (pág. 38)
COMPOTA CALIENTE DE MANGO (pág. 267)

MENÚ 76.
MERO A LA PARRILLA CON PURÉ DE PLÁTANO (pág. 178)
TORRIJAS DE VAINILLA CON SALSA DE FRAMBUESA (pág. 302)

índice alfabético de recetas

Aguacate relleno de langostinos	160
Ajoblanco con uvas	34
Albóndigas con sepia	232
Albóndigas de ternera con salsa de curry	234
Alubias blancas con berberechos	66
Alubias rojas con nueces	36
Arroz de calamar y berberechos en olla rápida	126
Bacalao con habitas	164
Boquerones sorpresa	166
Brochetas de conejo con coles	26
Brochetas de cordero	244
Brochetas de mandarina a los 2 chocolates	266
Brochetas de rape adobado	162
Callos con garbanzos	38
Calzone de tofu	128
Canelones de chipirones con salsa de azafrán	130
Cazuelita de berberechos y almejas	168
Champi-choco con ajimoji	25
Chuleta de ternera con salsa de pimienta verde y soufflé de queso azul	238
Cola de rape con langostinos	170
Coliflor gratinada con almendras	80
Compota caliente de mango	267
Confit de pato con salsa de melocotón	224
Copa de requesón con higos y lima	262
Crema de berros con naranja	40
Crema de calabacín y queso	42
Crema de espárragos trigueros	44
Crema de guisantes	46
Crema de habitas con jamón y huevos crujientes	48
Crema de lentejas con chorizo y tostinos	50
Crema de mandarina al té verde	264
Crema de pepino y yogur	52
Crema de remolacha	54
Crema de setas en hojaldre	60
Crema de tomate al romero	56
Crema de zanahoria al oporto	58
Crepes suzette	268
Cuscús con verduras y cordero	240
Dorada a la cerveza	172
Empanadillas de espinacas y ricota	132
Endibias con bacalao ahumado	89
Ensalada de alubias blancas y bacalao ahumado	82
Ensalada de canónigos con manzana y piñones	88
Ensalada de cigalas y trufa	84
Ensalada de escarola y setas	102
Ensalada de gulas, jamón y piñones	86
Ensalada de jamón de pato con vinagreta de chocolate	103
Ensalada de lentejas y pulpo	96
Ensalada de pasta	90
Ensalada de pulpo con espárragos trigueros y hongos	92
Ensalada de rabas de calamar con lima y mango	94
Ensalada tibia de confit de pato con vinagreta de frutos silvestres	98
Ensalada variada	100
Ensaladilla rusa julius	104
Escalopines pizzaiolo	245
Espinacas con bechamel y crujiente de parmesano	106
Espuma de plátano	278
Fajitas de pollo con frijoles y salsa picante	210
Fideos con almejas	134
Filetes de pavo con salsa de champiñones	212
Fritata de pasta y trucha a la navarra con salsa de vino blanco	174
Garbanzos con langostinos	62
Gelatina de cava con frutas	270
Gratén de peras	272
Gratinado de avellanas	274
Guiso de ternera con higos	246
Hamburguesas de arroz con espinacas y tomate	136
Hamburguesas de atún con berenjena y salsa de yogur	176
Helado de nuez con rejilla de chocolate	276
Huevo frito con boletus, morcilla y corazones de alcachofa	144
Huevos al horno con champiñón	148
Huevos estrellados con pimientos y jamón	150
Jalapeños rellenos de queso cheddar	20
Jurel con salsa de grosellas	179
Kebab de pollo	214
Lenguado a la naranja	180

22 MINUTOS

Lenguado con salsa de carabineros	182
Lentejas picantes con arroz basmati y pimienta rosa	64
Lomitos de avestruz con puré de avellana y mermelada de arándanos	216
Lubina con vinagreta templada de cilantro y almejas	184
Magret de pato con frutos rojos	218
Manitas de cerdo con hongos	248
Melocotones rellenos de cuajada	279
Membrillo rebozado en frutos secos con crema de idiazábal	280
Merluza a la sidra con azafrán	186
Merluza con picada de frutos secos y mazorca de maíz	188
Merluza en salsa de setas	190
Mero a la parrilla con puré de plátano	178
Milhojas de foie con manzana	22
Mousse de castañas	284
Mousse de manzana verde	282
Mousse de turrón	285
Mousse de yogur con limón	298
Mousse de yogur en hojaldre	286
Navajas escabechadas con mirim	192
Pasta negra con chipirones	138
Pastel de carne	250
Pastel de hongos, calabacín y paté	108
Patatas con mozzarella	24
Pencas rellenas con idiazábal	110
Pimientos del piquillo rellenos de queso de tetilla con bacalao al falso pil-pil	194
Pisto con verduras y calamar	112
Pollo satay con arroz	220
Presa ibérica con chimichurri	236
Puerros con salsa romesco	114
Puré de patata con pesto y huevo poché	146
Quiche de puerro	116
Revuelto de morcilla con manzana	152
Rocas de chocolate con crema inglesa	288
Rodaballo a la mantequilla con berenjena cremosa	196
Rollitos de primavera con gambas	28
Rollitos de salmón ahumado	198
Salchichas al vino con puré trufado	252
Salmón gratinado	200
Salteado cremoso de setas con delicias de pollo y arroz basmati	222
Salteado de pavo con mango	225
San jacobos de setas	118
Sándwich de bizcocho con crema de limón y kiwi	290
Sashimi de salmón con ensalada de rúcula y nueces	202
Sepionas encebolladas	193
Soja estofada	120
Solomillo de cerdo con salsa de queso azul y patatas paja	242
Solomillo de cerdo en hojaldre y salsa de orejones	254
Solomillo hojaldrado de novillo con ciruelas y foie	256
Sopa de ajo	68
Sopa de cebolla	70
Sopa de chocolate blanco con bastones de hojaldre y cristal de caramelo	292
Sopa de hierbabuena	69
Sopa de marisco «fin de mes»	72
Sopa fría de melón con jamón	47
Sopa minestrone	74
Sopa templada de fruta de la pasión con bolitas de melón	294
Sopa templada de frutos rojos con helado de vainilla	296
Sorbete de frambuesa con cítricos	299
Steak tartar	258
Stroganoff de pavo	226
Tallarines con anchoas	140
Tempura de pera y physalis con salsa de chocolate	300
Tomates rellenos	122
Torrijas de vainilla con salsa de frambuesa	302
Tortilla de ajetes con bacalao	154
Tortilla julius	156
Tortos de maíz con revuelto de queso La Peral	30
Vichyssoise	76
Vieiras gratinadas	204
Vieiras y espárragos verdes con queso tronchón	206
Volován de gambas	165
Wok de pollo con almendras y bambú	228